図説
日本の島
76の魅力ある島々の営み

平岡 昭利・須山 聡・宮内 久光 ［編］

朝倉書店

◎扉写真　神島（三重県）
［提供：鳥羽市］

は じ め に

「島国」である日本には，小さな岩礁のような島まで含めると数千の島がある．そのうち人が居住している島は，およそ 400 で，そのほとんどが回りを海で囲まれた環海性の島である．ただ，じつは島は陸上にもあり，隔絶性の強い領域を「島」と呼ぶことがある．たとえば，沖縄や奄美で歌われる「シマウタ」は，島（island）の歌ではなく，「シマ」と呼ばれる集落（village），あるいは地域（region）の歌のことである．

このように環海性や隔絶性が「島」の性格と言える．しかし，その影響は島という空間の大小によって異なる．本書は，海の島を扱うが，小さな島の海岸から海を眺めれば，島の性格を強く実感する．逆に都市が存在するような大きな島では，この性格は薄らぐ．そう考えると島の性格は，島の広さの影響を受けるため，さまざまであると言える．

また，島の隔絶性を特徴づける「海」のイメージも，時代や社会条件によって異なったイメージとなる．環海という隔絶性のため，海を恐れる側面もあれば，豊かさをもたらす豊穣の海と捉えることもできる．

海を渡る交通手段である「船」も，天候の影響など不便を感じることもあれば，近世，海上交通が発達した「海の時代」には，最先端の交通手段となり，多くの島々は，その寄港地として大いに繁栄した．だが，近代に入ると，鉄道や車が主役の「陸の時代」となり，船に依存していた多くの島々は，その恩恵から徐々に取り残され，文字通り「離島」となった．

島は，時代という流れの中で，農業の島から漁業の島に，イモや麦の島からミカンの島に，帆船の寄港地としての繁栄から衰退の島へ，採石の島，石炭の島，造船の島などへと，さまざまに変化し対応してきた．しかし，第二次世界大戦後の 1960 年代からの経済の高度成長期以降，多くの島では人口が激減し，今日では超高齢化社会となっている．島は一般に面積が狭小で限定された空間であるため，外部からの刺激に対する反応，変化が大きいのである．

本書は，こうした厳しい生活環境下に置かれている全国の有人島の中から，76 島を取り上げ，それぞれの島の特徴を中心に，そこでの人々の生活を描写したものである．本書が，日本の島々の営みへの理解を深める一助となれば，執筆者にとって望外の喜びである．

2018 年 9 月

平岡昭利

編集者

平 岡 昭 利　　下関市立大学名誉教授

須 山 　 聡　　駒澤大学文学部教授

宮 内 久 光　　琉球大学国際地域創造学部教授

執筆者　(執筆順)

須 山 　 聡　　駒澤大学文学部

三 木 剛 志　　公益財団法人 日本離島センター

平 岡 昭 利　　下関市立大学名誉教授

清 水 克 志　　秀明大学学校教師学部

山 田 浩 久　　山形大学人文社会科学部

松 井 圭 介　　筑波大学生命環境系

植 村 円 香　　秋田大学教育文化学部

髙 木 　 亨　　熊本学園大学社会福祉学部

荒 井 良 雄　　東京大学大学院総合文化研究科

柿 原 　 昇　　愛知学院大学文学部(非常勤講師)

秦 　 洋 二　　流通科学大学商学部

金 　 徳 謙　　広島修道大学商学部

北 川 博 史　　岡山大学大学院社会文化科学研究科

河 原 典 史　　立命館大学文学部

花 木 宏 直　　琉球大学教育学部

淡 野 寧 彦　　愛媛大学社会共創学部

助 重 雄 久　　富山国際大学現代社会学部

中 村 周 作　　宮崎大学教育学部

山 内 昌 和　　早稲田大学教育・総合科学学術院

叶 堂 隆 三　　下関市立大学経済学部

藤 永 　 豪　　西南学院大学人間科学部

宗 　 建 郎　　志學館大学人間関係学部

深 見 　 聡　　長崎大学環境科学部

堂 前 亮 平　　久留米大学名誉教授

元 木 理 寿　　常磐大学総合政策学部

堀 本 雅 章　　法政大学沖縄文化研究所

宮 内 久 光　　琉球大学国際地域創造学部

崎 浜 　 靖　　沖縄国際大学経済学部

一 柳 亮 太　　株式会社レスキューナウ

目　　次

0　日本の島　総論 ……………………………………………………………………… ［須山　聡］… 2

Ⅰ　北日本

1　礼文島──夏に観光客でにぎわう最北の島 ………………………………… ［三木剛志］… 6
2　利尻島──「獲る漁業」から「育てて獲る漁業」へ ……………………… ［三木剛志］… 8
3　天売島・焼尻島──ニシンが去った島は今 ………………………………… ［平岡昭利］… 10
4　奥尻島──震災復興の先進地として ………………………………………… ［三木剛志］… 12
5　浦戸諸島──菜の花が咲き誇るハクサイ採種の島 ………………………… ［清水克志］… 14
6　飛島──別宅による島の盛衰 ………………………………………………… ［山田浩久］… 16
7　粟島──環境の変化に対応してきた日本海の孤島 ………………………… ［山田浩久］… 18
8　佐渡島──金山とトキが教えてくれるもの ………………………………… ［須山　聡］… 20
9　舳倉島──海女の島は今も …………………………………………………… ［須山　聡］… 24

Ⅱ　関東・東海

10　伊豆大島──東京に一番近い火山島 ………………………………………… ［松井圭介］… 26
11　利島──日本一のツバキ油生産を支える高齢者 …………………………… ［植村円香］… 28
12　三宅島──噴火からの復興 …………………………………………………… ［髙木　亨］… 30
13　八丈島──暖地性園芸農業の島 ……………………………………………… ［須山　聡］… 32
14　小笠原諸島　父島──太平洋の真ん中の島暮らし ………………………… ［荒井良雄］… 34
15　南鳥島──アホウドリの探索から日本の領土となった島 ………………… ［平岡昭利］… 38
16　日間賀島──多幸（タコ）と福（フグ）の島 ……………………………… ［柿原　昇］… 40
17　神島──潮騒のふるさとと島むすび ………………………………………… ［柿原　昇］… 42

Ⅲ　瀬戸内海・宇和海

18　淡路島──瀬戸内海最大の島 ………………………………………………… ［秦　洋二］… 44
19　家島諸島──削られた島々 …………………………………………………… ［平岡昭利］… 48
20　小豆島──島の資源を生かした手延素麺 …………………………………… ［植村円香］… 50
21　直島──現代芸術の島に ……………………………………………………… ［金　徳謙］… 52
22　大島──閉ざされてきた島 …………………………………………………… ［金　徳謙］… 54
23　塩飽諸島　本島──人名の島は今 …………………………………………… ［北川博史］… 56
24　粟島──海運業からマイ・アートの島へ …………………………………… ［河原典史］… 58

25	伊吹島——いりこの島は今	[金　德謙]… 60
26	北木島——石で生きる島	[北川博史]… 62
27	因島——水軍とハッサクの島	[秦　洋二]… 64
28	岩城島——造船の島からレモンの島へ	[植村円香]… 66
29	大三島——出稼ぎと独自の信仰文化をもつ島	[花木宏直]… 68
30	大崎上島——海運業と造船業の島	[花木宏直]… 70
31	大崎下島——ミカンと遊女の歴史の島	[清水克志]… 72
32	興居島——GO GO！島へ向かう人々	[淡野寧彦]… 74
33	江田島・能美島——新しい市名に「旧海軍兵学校」の島名	[平岡昭利]… 76
34	厳島——人口減少が続く世界文化遺産「安芸の宮島」	[平岡昭利]… 78
35	周防大島——移民の島から移住の島へ	[助重雄久]… 80
36	日振島——島の「宝」の行方	[淡野寧彦]… 82

Ⅳ　日本海西部・九州北部

37	隠岐諸島——牧畑とⅠターン	[須山　聡]… 84
38	蓋井島——エミュー牧場を経営する漁業の島	[平岡昭利]… 88
39	対馬——インバウンドで賑わう国境の島	[助重雄久]… 90
40	壱岐島——古の大陸交流拠点「一支国」の再浮揚策	[中村周作]… 94
41	小呂島——玄界灘に浮かぶ活気あふれた島	[山内昌和]… 96
42	馬渡島——私立学校の設立と「牧山」姓の島	[叶堂隆三]… 98
43	黒島——修道院の福祉活動と開拓移住の島	[叶堂隆三]…100
44	平戸島・生月島——豊かな自然に恵まれた大航海時代の城下町	[松井圭介]…102
45	五島列島——祈りの島のキリシタン観光	[松井圭介]…104
46	箕島——海上空港の土台になった島	[平岡昭利]…108
47	端島——近代化を支えた炭鉱の島（軍艦島），その光と影	[藤永　豪]…110
48	姫島——人と自然，魅力いっぱい火山群の小島	[中村周作]…112
49	保戸島——マグロ延縄の一大拠点は今	[中村周作]…114

Ⅴ　九州南部・奄美群島

50	天草諸島——多彩なジオポイントの島々	[中村周作]…116
51	島野浦島——漁業・養殖業とツーリズムにかける小さな島	[中村周作]…118
52	甑島列島——カノコユリが咲く島々	[中村周作]…120
53	種子島——海と大地，そして宇宙をつなぐ島	[宗　建郎]…122
54	屋久島——山と海と人と	[宗　建郎]…124
55	硫黄島——ジオの恵みにあふれた火山島	[深見　聡]…126
56	トカラ列島　口之島——米軍統治下「北緯30度国境の島」	[堂前亮平]…128
57	奄美大島——都市のある島	[須山　聡]…130
58	加計呂麻島——限界集落の島，無人島化の危機？	[須山　聡]…134

59　喜界島——サトウキビ畑が広がる隆起サンゴの島……………………………………［藤永　豪］…136

60　徳之島——サトウキビ農業と長寿・闘牛の島………………………………………［堂前亮平］…138

61　沖永良部島——泉・暗川とケイビング…………………………………………………［元木理寿］…140

62　与論島——ヤマトか，ウチナーか，境界の島………………………………………［須山　聡］…142

VI　沖　縄

63　伊平屋島——数少ない離島同士の架橋の島…………………………………………［堀本雅章］…144

64　伊江島——岐路に立つ農業と広がる民泊への取り組み……………………………［助重雄久］…146

65　与勝諸島——海中道路と橋で結ばれた島の変化　…………………………………［宮内久光］…148

66　座間味島——ダイビング客からヤマト嫁に…………………………………………［宮内久光］…150

67　渡名喜島——前近代の集落景観が生きる場所………………………………………［崎浜　靖］…152

68　久米島——球美の島は特産品の島……………………………………………………［宮内久光］…154

69　大東諸島——単一企業島の歴史をもつ島々…………………………………………［平岡昭利］…156

70　宮古島——農業と観光の将来を左右する島外交通…………………………………［助重雄久］…158

71　石垣島——人口増加が著しいインバウンド観光の島………………………………［宮内久光］…162

72　竹富島——新しく創られる赤瓦の伝統家屋…………………………………………［宮内久光］…166

73　鳩間島——『瑠璃の島』放映による観光地化………………………………………［堀本雅章］…168

74　西表島——開発から自然保護との両立を目指す島へ………………………………［一柳亮太］…170

75　波照間島——南十字星がみえる日本最南端の有人島………………………………［崎浜　靖］…172

76　与那国島——台湾を望む日本最西端の島……………………………………………［一柳亮太］…174

索　　引……………………………………………………………………………………………………177

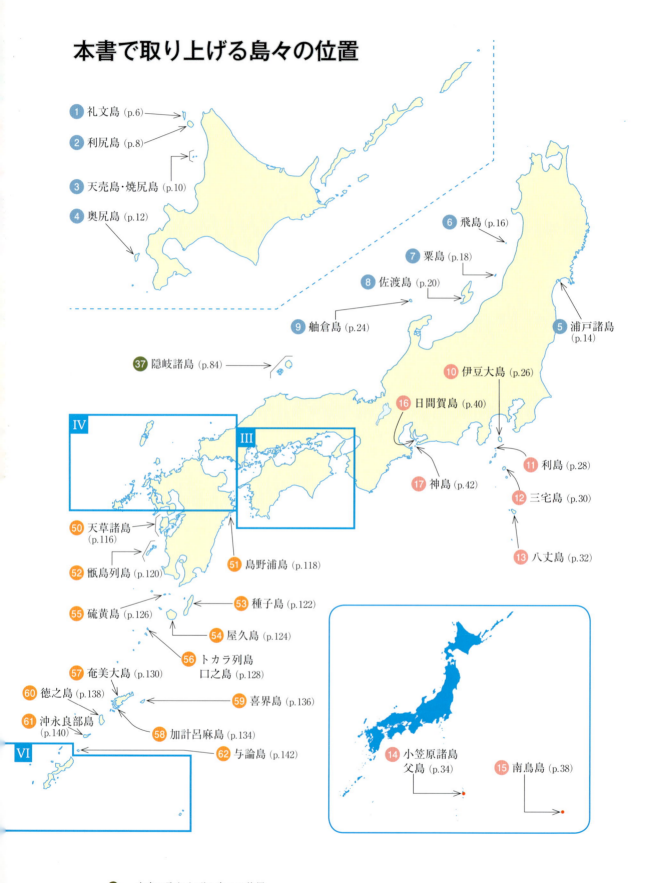

Ⅰ	北日本
Ⅱ	関東・東海
Ⅲ	瀬戸内海・宇和海
Ⅳ	日本海西部・九州北部
Ⅴ	九州南部・奄美群島
Ⅵ	沖 縄

本書で取り上げる島々の位置

日本の島　総論

日本の有人島

　日本には6,848におよぶ島が存在し，そのうち416島に人間が居住している．北海道・本州・四国・九州・沖縄本島の5島を除いた411の有人島の合計面積は約1万km², 人口は約104万6,000人（2015年国勢調査）で，国土総面積の2.7%，総人口の0.8%にとどまる．島はわずかな居住空間を提供しているにすぎないが，多様な自然景観や，長い歴史をもつ特有の文化など，ロマンあふれる場所としてわれわれを惹きつける．また，つい数十年前までは，日本経済の一翼を担う資源・産業基盤を有する地域でもあった．本書は，これらの有人島のうち76島について，その特徴を解説する．

多様性と独自性

　島の自然環境は，海域によって大きく異なる．最北の島である礼文島（p.6）には亜寒帯性の針葉樹林が，亜熱帯気候に属する南の八重山列島の西表島（p.170）にはマングローブが分布する．また，北緯30度以南の南西諸島には，大規模なサンゴ礁が発達する．

　自然環境の多様性を反映して，島の農業も多様である．瀬戸内海の島々にはミカンの段々畑が築かれ，大東諸島（p.156）や奄美群島の喜界島（p.136）・徳之島（p.138）には広大なサトウキビ畑が広がる．島の隔絶性を逆手に取り，品種交雑を避けながらハクサイの種子を生産した，宮城県塩竈市の浦戸諸島（p.14）のような島もある．

　九州北部や瀬戸内海には石炭や花崗岩の採掘で発展した島，そして廻船の寄港地として殷賑をきわめた島もある．朝鮮半島の影響を強く受けた長崎県の対馬（p.90），隠れキリシタンの信仰が今なお受け継がれる五島列島（p.104）や，琉球王国の版図にあった奄美群島や琉球諸島など，島々の歴史的・文化的背景は多様である．

　さまざまな自然災害が発生することも島の特徴である．南西諸島の島々では，毎年台風による被害がもたらされる．また，日本において常時観測されている50火山のうち，10火山は島にある．2000年の三宅島（p.30）噴火では，全島民が島外での避難生活を余儀なくされた．さらに沖縄・奄美ではハブによる咬傷被害が現在も絶えず，小笠原諸島（p.34）では外来のトカゲのグリーンアノールなどが，島独自の生態系を脅かしている．

　地理的に本土・主島から切り離された，その孤立性・隔絶性こそが，島の独自性と自立性を揺籃した．海によって隔てられた島は，必要なものを島内で充足しようとしてきた．島は自給的で自己完結的な小宇宙，ミクロコスモスであった．そのためには，海・山・平野といった異なる環境を組み合わせ，それらから産出する資源を巧みに利用する知恵が必要であった．また，独自の民俗や儀礼が島に残る背景には，このようなミクロコスモスを支える共同体の強固な結びつきがある．このように島のミクロコスモスは，独自性を形づくる．

「海の時代」と「離島化時代」

　近代化に伴う技術革新，とくに交通手段の革新が，島を本土に引き寄せた．本土はその一方で，島を辺境の一地域として扱い，むしろ本土と島の間に厳然たる格差があることを容認した．

島が自己完結的な小宇宙のなかで自立的・自足的な基盤を構築していた時代は，過去のものである．島は一見して閉鎖的とも映るが，一方で海によって外の世界とつながる開放的なチャンネルをもっていた．海上交通が発展した中世から近世，そして19世紀末にかけては，それぞれの島がさまざまな地域とつながり，広域的なネットワークの結節点となった．島々が結びつけられる「海の時代」こそが，島が最も活況を呈した時代であった．海運ネットワークの一翼を担うことで，島にはさまざまな人・物資・情報が集散した．

しかし明治以降，鉄道や自動車による陸上交通が整備されたことにより，物流結節点としての島の地位は低下した．とりわけ高度経済成長期以降，島は全国的な経済ネットワークに組み込まれ，他地域との競争に巻き込まれた．多くの島からは人口が流出し，衰退が顕著になった．「海の時代」にあっては日本の先進地であったはずの島では，近代以降，インフラが整備されず，産業・教育・医療をはじめ，あらゆる分野において本土から取り残され，後進的な「離島」とみなされた．離島はもとから離島だったのではなく，そう仕向けられた，いわば「創り出された」存在である．「海の時代」から「離島化時代」への移り変わりは，日本の近代化の所産であったともいえよう．

「海の時代」と島の開放性

「海の時代」には，島は技術・情報・文化の先進地であった．地域独自の資源を基盤とし，海運によって広域的なネットワークに接続した島は，活気あふれる豊かな空間であった．西廻海運のルートに当たる瀬戸内海の島々は，風待ち・潮待ちの港としての役割を担った．朝鮮通信使の船も，対馬を経由して瀬戸内海の島々に寄港し，島は日朝の知識人による「誠信外交」の舞台となった．

明治初期において，広島の7.4万人，岡山の3.7万人，松山の3万人に対し，山口県周防大島（p.80）は6.7万人の人口を擁し，広島県の下蒲刈島・生口島・倉橋島なども1万人を優に超えていた．

この時代の繁栄は，重要伝統的建造物群保存地区に選定されている広島県大崎下島（p.72）の御手洗や，香川県塩飽諸島本島（p.56）の笠島などの町並みに，現在も見ることができる．

一方，サトウキビ栽培が進められた南西諸島は，甘味資源供給地として，また，琉球は中国との貿易拠点として本土と結びつけられ，薩摩藩による苛烈な支配を経験したものの，本土とは異質の文化圏が形成された．明治期以降は，カツオを求めて南九州の漁業集団が南西諸島の島々に進出する一方，追い込み漁の技術を持つ沖縄・糸満のウミンチュ（漁業民）たちもまた，奄美・沖縄の島々に展開した．無人島であった大東諸島（p.156）では，20世紀初頭，伊豆諸島八丈島（p.32）の玉置半右衛門の開拓を嚆矢として，大規模なサトウキビプランテーションやリン鉱床開発がなされた．

九州北部の海域では優良な炭層が発見され，日本の近代化を支える炭鉱の島が出現した．長崎県の池島は九州最後の炭鉱となったし，「軍艦島」の名で知られる端島（p.110）は，炭鉱開発の記憶をとどめる世界文化遺産に登録された．

ほかにも，玄界灘の漁業集団は，対馬海流に乗って北上し，石川県輪島市の舳倉島（p.24）で，アワビやサザエを素潜りで採捕する海女漁業として定着した．八丈島からは，鳥島・小笠原，さらにはサイパンなど南洋諸島への人びとの移動がみられた．島を拠点とした広域的な人の往来は，島が日本の辺境ではなく，海の彼方に広がる世界を見渡す位置にあることを示している．

「海の時代」は陸上交通の発展とともに終焉を迎えたが，戦後の米軍統治下においては，沖縄県与那国島（p.174）や，鹿児島県トカラ列島の口之島（p.128）が，台湾や日本本土との密貿易の拠点として，一時期活況を呈した．いわば「海の時代」の最後の残影であった．

「離島化時代」と島の変容

一般に島は狭小であり，必要とされる財やサー

ビスを島内で充足することはできない．島にない
ものは，すべて本土・主島からの供給に依存す
る．一方，島の生産物の販売市場は本土を指向
し，本土の需要や消費動向に左右される．奄美大
島（p.130）の大島紬は，明治期における産地形
成以来，本土の需要変動に翻弄され続けてきた．

1953年には離島振興法が制定され，その第1
条には「後進性の除去」が謳われた．戦後8年
が経過した時点で，島はすでに後進地域と目され，
政策的な支援の対象とされた．後進性を解消する
ための手段が，公共投資をはじめとする所得移転
政策であった．島を抱える地方自治体はこれに大
きく依存し，かえって島の自立を阻んだ．離島は
行政機構の階層構造の末端に位置づけられ，独自
の判断を下す余地が小さい．とくに昭和・平成の
大合併で本土の市町村に編入された島では，行政
が島の実態にきめ細かく対応することができなく
なった．

さらに公共投資に依存する体質が，法制度・政
策によって構造化され，本土への従属性を高め
た．離島の後進性除去を目的としたインフラ整備
には，島の経済を立て直すカンフル剤としての意
味があったが，60余年を経た現在において，そ
れはもはや「生命維持装置」として機能している．

沖縄では離島苦のことを「シマチャビ」とい
う．シマチャビはすべての離島に共通する問題で
あるが，「海の時代」の繁栄を思い起こせば，そ
れは近代以降において顕在化したものであること
が理解できる．島を離島化し，現在のシマチャビ
をもたらしたのは，経済合理性を優先させた国家
政策や資本であるが，その矛盾の解消に，国もこ
の60年間取り組んできた．離島化が進む中で，
島と本土・主島をつなぐ交通条件の改善は，離島
住民の悲願となった．1980年代以降は離島への
架橋が積極的に行われ，近接離島の交通条件は改
善された．しかし，架橋された島では，人口減少
に歯止めがかかるどころか，「ストロー効果」で人
口減少が加速される現象もみられる．インフラ整
備は必ずしも島の基盤整備にはつながらなかった．

島根県の隠岐諸島（p.84）中ノ島の海士町は，
「ないものはない」をキャッチフレーズに掲げる．
この言葉には「何でもある」「何もない」の，相
反する2つの意味が含まれる．島は本来，暮ら
しを営むための資源が何でもある空間であった．
それが現在，何もないように見えるのは，離島化
による価値観の変転に起因する．離島には賑やか
な商店街もなければ，若者が集まる大学も，きら
びやかなネオン街もない．しかし，島には豊かな
自然環境や濃密な人間のつながりがある．にもか
かわらず，島にあるものには価値を見いだせず，
向こう岸にあるものばかりをうらやむ心性は，島
の人々の心に深く根を下ろしている．

いったん離島化し，何もなくなってしまった島
は，インフラ整備や所得移転だけでは何でもある
島に戻らない．2014年改正の離島振興法は，こ
れまでのインフラ整備などの公共投資一辺倒を修
正し，人材育成や島おこしなどのソフト施策に重
点を置き始めた．海士町のキャッチフレーズが含
意する「何でも」が，必ずしもインフラや本土に
あるものを指すものではないことに，行政，そし
て島の住民自身が，ようやく気づいた．これは，
いわば「何でもある島」の再生の試みである．島
の共同体に根ざしたNPOなどの民間団体の活動
が，離島振興の担い手として育ちつつある．

島の過疎と人びとの暮らし

広島県の因島（p.64）など，造船業や炭鉱など
が発展した一部の島を除き，離島化した島々では，
高度経済成長期において若年人口の単身移動が生
じた．転出による人口減少は1980年代には小康
を得たが，それ以降は出生数の減少による人口の
自然減が顕在化した．人口規模の縮小によって，
離島は山村地域と同様，過疎地域と見なされ，政
策的な振興の対象とされるとともに，後進性を意
識したノスタルジックなまなざしが本土側から浴
びせられた．

さらに限界集落論や消滅自治体論が議論される
に至り，現在では離島社会の存続そのものが危惧

されている．しかし，本土で就労している離島出身者の退職に伴うＵターンや，大都市圏よりも島での生活に憧れや魅力を感じた人々のＩターンが，2000年代から増加しつつある．人口が少ない島では，たとえ数家族であっても，移住者の存在が大きな意義をもつ．

佐渡島（p.20）・奄美大島・石垣島（p.162）などの大規模離島を除けば，ほとんどの島は都市的機能を欠く．そのため，島の購買・教育・医療のサービス供給は，低次なレベルにとどまる．小規模な食料品店すらなくなった島では，購買は本土からの移動販売や，カタログやインターネットを介した通信販売に頼らざるをえない．高等教育や高度医療を受けるためには，島外に行かざるをえない．多くの島では，高校進学に伴う「15歳の別れ」が春の風景となっている．

大学入試センター試験を受験するためだけに，小笠原諸島の高校生は3週間近くもの本土滞在を余儀なくされた．自治体財政の悪化に伴い，医師がいなくなった島では，看護師・助産師・保健師らが住民の健康を懸命に守っている．ドクターヘリの整備は進みつつあるが，人工透析などの慢性疾患への対応は不十分であり，小笠原諸島では海上自衛隊に緊急搬送を要請している．

その一方で，島では共同体の相互扶助が維持され，日々の穏やかな暮らしが助け合いに基づいて営まれている．住民は互いの個性を熟知し，一人一人が地域社会のメンバーとして活躍できる，住みやすい社会が築かれている．こうした島のライフスタイルは，自己完結的なミクロコスモスが生み出した知恵でもある．島の地域社会には平等主義の側面が色濃く残り，労働力や資金の均等な負担と，生産物・収入の平等配分が行われやすい．集落行事に住民が積極的に参加し，余興や宴会が大いに盛り上がる様子は，住民間の緊密な関係性と互酬的な相互扶助を映し出す．

これからの島，それぞれのあり方

「海の時代」の島は，地域的条件を活かしつつ，それぞれの個性を発揮できた．しかし離島化した現在では，経済的には本土や主島に従属させられ，政治的にも画一的な振興政策に取り込まれ，島には自己決定の余地が小さい．

島の振興といえば，とかく観光に目が向きがちであるが，観光は一つの手段にすぎず，すべての島に通用する特効薬ではない．観光化によって人口が増えたり，地域全体が活性化した島は，ダイビング・ツーリズムで活況を呈する沖縄県の座間味島（p.150）などを除けば，むしろ少ない．また，観光は地域資源の切り売りという側面をもつ．観光化した島は，観光客の消費の対象となるが，消費されつくして観光客から見捨てられてしまっては，元も子もない．1960年代後半から観光ブームに沸いた奄美群島の与論島（p.142）では，沖縄の日本復帰とともに観光客が沖縄本島に移動してしまった．観光は結局のところ，移り気な本土の動向に左右される，いわば従属的な産業であることを忘れてはならない．観光以外にも，島の地域資源を活用した産業振興を考える必要もあろう．

島の現状を考慮すれば必ずしも「振興」を目指す必要もないのかも知れない．島の重点課題を，福祉や医療に置き直してみてはどうだろうか．お年寄りたちが，悠々自適の余生を過ごせる穏やかな島づくり，というのがあってもよい．退職者ばかりで，高齢化が進展した島では，むしろ産業振興の必要性は低い．何が何でも産業振興，観光開発，という考え方は，島の実情からかけ離れてしまう危険性をはらむ．

日本の島は，自然・歴史・文化的に多様で独自性が強い．島の振興も，それぞれが独自の方法を模索しなければならない．島の振興にお手本やマニュアルはない．幸いどの島も社会的なインフラはある程度整備され，生活そのものが維持できないような離島苦はもはやない．島の明日を担う人材も少なからず存在する．それぞれの島の地域的特徴を生かした，多様な取り組みこそが，島の自立を進める原動力である．　　　　［須山　聡］

1 礼文島 ── 夏に観光客でにぎわう最北の島
（北海道礼文町）

礼文島は日本の北端，稚内の西 59 km の日本海に位置し（●1），宗谷海峡を隔ててサハリンに臨み（●2），陸上自衛隊が駐屯する国境の島である．島の面積 81.64 km²，人口は 2,773 人である（2015 年国勢調査）．礼文島の中心地である香深までは，稚内から大型フェリーで 1 時間 55 分を要する．

標高 490 m の礼文岳を中心に，島内は丘陵性の山地が連なり，西海岸は断崖絶壁で海に臨み，集落は緩傾斜の北岸から東岸沿いにおもに点在する．礼文島はケッペンの気候区分では亜寒帯湿潤気候に属するため，固有種のレブンアツモリソウ（特定国内希少野生動植物種）やレブンウスユキソウなど数百種の貴重な高山植物が存在し，本州では 2,000 m 以上の標高でしか生育しない草木が，海岸地帯でもみられる特異な生態系で知られる（●3）．

17 世紀末に松前藩直轄の宗谷「場所」（アイヌと交易を行う知行地）の付属地として開拓が始まり，幕末から 1950 年代に漁獲が激減するまで，おもにニシン漁の島として発展した．現在はウニ・コンブ・ナマコの採捕漁，ホッケの刺網漁，コンブ養殖などが営まれており，年間 30 億円を超える水揚げがある．特に高品質の天然リシリコンブは福井県の敦賀などへ出荷され，専用蔵で数年間寝かされた後，京都をはじめとする高級料亭でだしコンブとして使用される．

水産業に次ぐ礼文島の重要な産業は，観光業である．1974 年の「利尻礼文サロベツ国立公園」の指定を契機に観光客数が増加し，とりわけ 5 ～ 8 月にかけての高山植物の開花期には，多くの来島者を集めてきた．しかし，年間 30 万人を超えた 2002 年が観光入込客数のピークで，その後は減少に転じ，現在は年間 12 万人程度となっている．稚内と礼文島を結ぶ航空路線も 2003 年 4 月からは休止状態である．

礼文島における観光の集客形態は，利尻島とともに以前から極端な夏季集中型を示している．しかし夏季は，多くの住民がかかわるウニ漁やコンブ漁などの時期でもある．そのため観光関連の働き手は島外から集めざるをえず，ホテルや旅館の手伝い，観光バスのドライバーやガイド，花の専門ガイドの多くも，シーズン中のみ島外から来島する．現在 30 軒近くを数える島内の宿泊施設も，10 月頃から 4 月頃にかけてはその多くが休館となるため，観光関連産業への住民の通年雇用は困難である．観光の季節性は，変動の多い漁獲量とともに島の経済基盤を不安定化させている．このことが若年層の島外流出と過疎化・高齢化を招く一因ともなっている．

地元では絶滅の危機にあるレブンアツモリソウの無菌培養株栽培に着手し，礼文町高山植物園で公開している．また，台湾などからのインバウンド観光客の誘致にも積極的に取り組んでいる．2009 年には天然温泉施設を，2013 年には映画ロケ地を整備した「北のカナリアパーク」をオープンさせた．オホーツク文化解明の重要拠点として注目を集めている船泊遺跡の活用も期待される．野鳥と高山植物以外の新たな地域資源の発掘や，水産業と連携した体験交流プログラムの開発など，通年型観光への試みが期待されている．

［三木剛志］

- 1 （左）礼文島（電子地形図20万「稚内」2015年調製,「天塩」2016年調製,原寸）
- 2 （上）最北端のスコトン岬．沖に海驢島が見える．
- 3 （下）島の南から利尻島（利尻富士）を望む．（撮影：小野徹氏）

1. 礼文島

2 利尻島 ——「獲る漁業」から「育てて獲る漁業」へ
(北海道利尻町／利尻富士町)

利尻島は稚内の南西52 kmの日本海にあり，漁業と観光業を主産業とする島である．中央に成層火山の利尻山（標高1,721 m）がそびえ，北西には約8 kmを隔てて礼文島を望む（●1）．島の面積182.12 km^2，人口5,090人である．（2015年国勢調査）．対馬海流の影響により寒暖の差が少なく，冬は北海道内陸部に比べて温暖である．南西部に利尻町，北東部に利尻富士町の2町があり，集落は海岸沿いにほぼ全島にわたって点在する．稚内と利尻富士町の鴛泊の間を大型フェリーが1時間40分で結び，航空便も新千歳（夏季のみ，全日空），札幌丘珠（通年，日本航空）との間に各々就航している．

幕末以降，豊かなニシン漁場を求めて青森や秋田，北陸，山陰など，日本海沿岸各地から多くの出稼ぎ漁民が利尻島に進出，島内各所に集落を形成した．彼らは出身地の文化を北限の島に伝えた．そのうち鳥取県因幡地方の移住者がもたらした民俗芸能「麒麟獅子」は，長らく埋もれたままとなっていたが，2004年，約100年ぶりに復活して神社に奉納され，それを契機に祖先の地との交流が続けられている．

水産業が長く島の経済を支えてきたものの，1955年頃からニシンが獲れなくなったため，マダラやスケソウダラ，ホッケ漁への転換が図られ，エゾバフンウニやキタムラサキウニ，天然コンブの磯舟での採取などが営まれてきた（●2）．しかし，ウニ類や天然コンブの水揚げは年によって変動が大きく，ウニ類は1988年頃をピークに3年後には半分以下となるなど，資源量の減少が問題化していた．

そこで，「獲る漁業」から「育てて獲る漁業」への転換で，漁業経営の安定化を図るべく，地元自治体と漁協などが連携し，エゾバフンウニやナマコ類の種苗生産と放流，サケやヒラメの稚魚放流など，水産資源の維持回復事業が進められている（●3）．その成果もあって，サケは漁獲量が復活し，ナマコは市場の高価格に支えられて水揚げも好調で推移しており，収入の1つの柱となりつつある．

コンブの養殖は，相当額の設備投資が必要な上に，資金が回収できるまでかなりの労力を要する．そのためコンブ養殖に取り組む漁業者数は，往時に比べれば減ってきてはいるが，比較的安定した生産を続けてきている．

2008年には島内4漁協が1つに合併し，現在ではこれらさまざまな魚種を合わせて年間30億円超の水揚げを記録している．今後は，水産資源の回復事業だけではなく，島内加工による高付加価値商品の創出や，観光業との連携も必要であろう．

漁業の課題は後継者である．島出身の若い跡継ぎが少ないため，漁業従事者数は減少し，平均年齢もほぼ65歳と高齢化が進んでいる．その対策として，国の制度を活用しつつ，2009年頃より島外から新規漁業従事者の募集を開始した．利尻町では今日までに道内や東北，近畿地方から20～40歳代の若い希望者十数人を受け入れ，コンブ養殖を営む島の漁業者のもとで経験を積ませている．彼らに漁業権を付与してウニや天然コンブ漁にも従事してもらい，独り立ちするまでに経済的な生活支援も続けるなど，手厚い施策が講じられてきている．

［三木剛志］

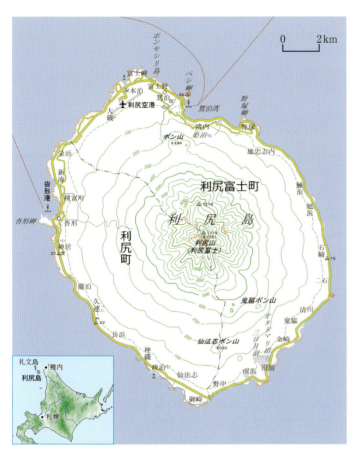

● 1 利尻島（電子地形図20万「稚内」2015年調製，「天塩」2016年調製，原寸）

● 3 ウニ種苗生産センター

● 2 磯船による天然コンブ漁（提供：利尻富士町）

2．利尻島　　9

3 天売島・焼尻島 —— ニシンが去った島は今
（北海道羽幌町）

　天売島と焼尻島は，北海道の北西，日本海に浮かぶ2つの小さな島である（●1，●2）．近世には「アイヌモシリ」（アイヌの世界）の島であり，ニシン漁が盛んで焼尻島には小さな「コタン」（集落）が形成された．近世末になると北海道南部ではニシンの「群来」（ニシンが押し寄せること）が減少し，渡島半島南部の和人は，北へと移動し天売島や焼尻島にも進出した．

　1869年（明治2），蝦夷地が北海道と改められ，近世の漁業制度「場所請負制」が崩壊すると，春から夏にかけて秋田県男鹿地方などからの季節的な出稼ぎ漁民が増加した．明治10年代に入ると出稼ぎ漁民ではなく，居住を伴った漁業移民が増加する．1888年（明治21）の移民は天売島で83戸，焼尻島104戸となり，明治20年代から30年にかけて，ニシン漁が盛んになるにつれ移民が激増した．

　当時の天売島，焼尻島の漁業はニシン一色であった．ニシンは，肥料用の〆粕に加工され全国に移出された．ニシン漁業には大規模な建網と小規模な刺網があったが，明治20年代に入ると建網漁業が盛んとなった．この頃はニシンの豊漁が続き，ニシン景気にわき，1887年（明治20）に201人であった天売島の人口は，20年後の1907年（明治40）には1,876人となり，同じく焼尻島では370人から2,187人に激増した．ニシンの風が吹く4月になると，ニシンの群来とともに，島は東北地方を中心とする東日本各地からやってきた3,000～5,000人の「ヤン衆」と呼ばれる出稼ぎ漁夫であふれた．

　だが，豊漁が続いたニシン漁も，明治末になると一転して不漁が続き，1911年（明治44）の凶漁で漁獲量が急減した．増加の一途をたどってきた人口は，天売島では3分の2に，焼尻島では半分近くにまで減少した．その後，2つの島の人口はニシン漁業の盛衰に大きく左右される．ただ，ニシン漁業は一時的な回復はあっても，漁業の衰退は確実であった．第二次世界大戦後も不漁が続き，1958年（昭和33）以降，ニシンが姿を消した．北海道から北へとニシンは去ったのである．

　ニシンの消滅は，天売島，焼尻島の漁業に大打撃を与えた．焼尻島では1958年の水揚げ高が1955年の40％以下に，天売島でも半分以下に減少した．莫大な資金を投下し，ニシンの群来を待っていた建網漁業者は，次々に没落した．これに対し小規模な刺網漁業者は当てにならなくなったニシンの群来など待つ余裕もなく，いち早くアワビやウニ，カレイやホッケなどの沿岸漁業へと転換を図った．それはニシンのような季節集中型のハイリスク，ハイリターンの漁業から，小規模で零細なオールシーズン型漁業への転換でもあった．

　ニシンが去り，天売島，焼尻島の漁業は一変すると同時に「経済の高度成長」の影響をもろに受け，1955年にはそれぞれ2,000人を超えていた島の人口は，2015年には天売島313人，焼尻島201人となっている．また，それぞれ200以上の漁業経営体があったが，天売島では，現在54，焼尻島では30にまで減少した．高齢化が進むなかで漁業生産の維持への努力が続いている（●3，●4）．

［平岡昭利］

● 1 天売島 (5万分の1地形図「焼尻島」1991年修正, ×0.8)　● 2 焼尻島 (5万分の1地形図「焼尻島」1991年修正, ×0.8)

● 3 天売島の集落と漁港

● 4 焼尻島の集落（中位段丘上にニシン番屋の大きな建物がある）

3. 天売島・焼尻島　● 11

I 北日本

④ 奥尻島 ── 震災復興の先進地として
（北海道奥尻町）

　奥尻島は北海道の最西端，渡島半島江差町の北西約61kmの日本海にある山がちの島で（●1），1島で奥尻町を構成する．島の面積は142.97km²，人口は2,690人を数える（2015年国勢調査）．奥尻島までは函館空港から空路で30分，江差からフェリーで2時間20分を要する．

　保水力の高いブナやミズナラなどの森林に覆われ，南部の青苗付近では，小河川の流域で稲作が営まれている．産業の柱は水産業で，スルメイカ，ウニ，アワビ，岩ノリなど，年間約8億円を水揚げしている．

　1993年7月12日に発生した，マグニチュード7.8の北海道南西沖地震の震源域に位置していた奥尻島は，震度6（推定）の烈震により，住宅倒壊や道路陥没，大規模な崖地崩落などが発生した．また，地震発生後わずか数分で沿岸に点在する集落に押し寄せた大津波の最大遡上高は29mにも達し（●2），南端の青苗地区は地震と津波が誘発した火災で集落域の大半を焼失した（●3）．死者・行方不明者は全島で198人を数え，被害総額は664億円にのぼった．

　しかし，地震の被害が，ほぼこの島のみに集中していたこともあり，国や道の支援で復旧復興に向けた事業が急速に進展した．集落域では地盤のかさ上げや緊急避難用の人工高台，最高で高さ11m，総延長14kmもの防潮堤，防波水門，後背高地への避難路などが着々と建設された（●4）．また，町では全国から寄せられた義援金をもとに133億円の復興基金を設立し，被災町民の住宅再建や漁船購入などにも充当して，生活と産業の早期立ち直りを後押しした．その結果，5年後

の1998年には町は完全復興を宣言するにいたった．

　以後，奥尻島は「災害に強い島」としての評価が高まり，たとえば2004年のスマトラ沖大地震の直後は，その先駆的な復興手法が防災対策の象徴として世界中から注目を集め，2011年の東日本大震災後も，岩手県や宮城県の被災地をはじめ，全国から多くの行政関係者などが視察で訪島している．

　奥尻町でも，この貴重な被災体験と教訓を後世に伝えるべく，各地への「震災語り部」派遣事業などを継続している．防災教育の面でも，高校生の修学旅行などを積極的に誘致し，2012年からは「防災ロールプレイ」（公務員・消防・医師・住民など振り分けられた役割に基づき自己判断で行動する避難・救護訓練）を実地に体験する独自のプログラムを実施している．また，震災当時の被害やその後の復興への取り組み，防災施設を見ながら歩ける，全国唯一の「防災フットパス」での島民ガイドによる「命を守るための学習」にも取り組み，訪問者の好評を博している．

　問題は，基幹産業である水産業の低迷と人口の流出，観光客の減少である．町では，ウニ・ナマコの増殖，アワビ養殖など，つくり育てる水産業の取り組みを進めており，地元資本の建設業者も，住民の雇用を守るため，黒毛和牛の肥育やアスパラガスの生産など多角経営に乗り出し，島産ブドウを使ったワイン醸造も手がけている．従来からの原料供給地としての位置づけを脱し，水産加工業で高付加価値化とブランド化に挑戦する若い人たちもおり，注目を集めている．　　　［三木剛志］

北日本

1 奥尻島（電子地形図20万「久遠」2015年調製，原寸）

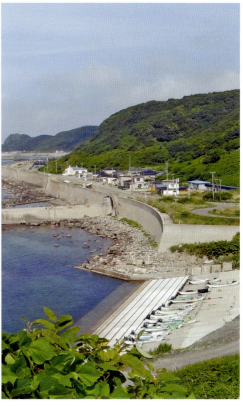

2 数分で大津波に襲われた北部の稲穂地区．集落の前に高さ9mの防潮堤を建設．

3 南端の青苗地区．6mも地盤をかさ上げして住宅を建設している．

4 住宅と高台をつなぐ避難路

4．奥尻島

5 浦戸諸島 ── 菜の花が咲き誇るハクサイ採種の島
（宮城県塩竈市）

　浦戸諸島は，宮城県の松島湾の外縁部に並ぶ桂島，野々島，寒風沢島，朴島の4つの有人島と，漆島，大森島，鷺島など多くの無人島で構成される（●1, ●2）．同諸島は，東側に位置する宮戸島（東松島市）とともに，瑞巌寺や五大堂を擁する松島（宮城郡松島町）に対して，「外松島」とも呼ばれる．人口は2015年時点で334人を数える．4島は，塩竈市営汽船（1日7～8便）によって旅客船ターミナルの「マリンゲート塩釜」と結ばれており，その片道所要時間は最短の桂島で23分，最長の朴島で54分である．

　江戸時代には寒風沢島に御城米蔵が設置され，同島は伊達・信夫地方（福島県）の幕府直轄領から集められた年貢米を，千石船に積み替えて江戸へ廻送する港町としての機能を有していた．寒風沢島は，1793年（寛政5）に日本人で初めて世界一周を果たしたとされる津太夫や佐平の出身地でもある．

　また，桂島東部の石浜は，明治初年に木村満平が回漕店を，白石広造が海運業を起こし，北洋のラッコ漁の拠点として賑わった．さらに明治中期以降には，カキ養殖業，遠洋漁業などの導入が図られ，昭和戦前期頃までには，現金収入となる漁業と自給的な農業を組み合わせた半農半漁の暮らしが一般的となっていった．

　島の産業について古老たちに尋ねると，しばしば「浦戸はタネ取りに向く土地だ」という答えが返ってくる．「タネ取り」とは，種ガキとハクサイの採種のことである．松島湾は水温・水質に恵まれたこともあって，大正期から種ガキ生産が開始され，昭和期には国内最大の産地となり，アメリカ合衆国へも輸出された．

　もう一方のハクサイは，日清・日露戦争後に宮城県でも本格的に導入されたが，近縁種と交雑しやすい特性のために，純良な種子の確保に苦慮していた．1916年（大正5）に，宮城県農事試験場が無人島の馬放島で純良な「松島白菜」の採種に成功した．さらに1923年以降には，渡邉穎二が桂島を拠点に浦戸諸島や宮戸島の各集落で委託採種組合を編成し，「松島白菜」種子の供給体制を確立した．このことが宮城県内での「仙台白菜」産地の形成を促し，日本におけるハクサイの普及に重要な役割を果たした．また，島の住民にとって夏季のハクサイ採種業は，冬季のカキ養殖業と並ぶ重要な現金収入源となっていった．ハクサイ採種業は1950年代にピークを迎えたが，60年代以降には仙台白菜産地の衰退，ノリ養殖や民宿との労働力の競合，農家の高齢化などによって減少の一途をたどった（●3）．

　2011年3月に発生した東日本大震災によって，浦戸諸島も甚大な津波被害を受けた．島では災害公営住宅が建設されたほか，種々の生活・産業基盤の復旧に向けた取り組みが現在も続いている．ハクサイ採種農家は朴島の3戸のみに減ってしまったが，野々島では仙台市の社団法人や高校との連携により，採種文化の保存活動も実施されている．ゴールデンウィーク前後に咲き誇るハクサイの菜の花畑（●4）は，白砂青松の多島海の美観や，タブやツバキが群生する希少な自然，繁栄の名残を伝える各種の史跡（●5）とともに，島の重要な観光資源として，多くのハイキング客を惹きつけている．

［清水克志］

● 1 浦戸諸島 (5万分の1地形図「松島」2002年修正,「塩竈」1992年修正, ×0.75)

● 2 南西上空から見た野々島 (提供：渡辺採種場)

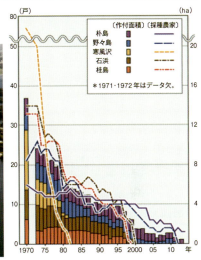

● 3 ハクサイ作付面積・採種農家数の推移

● 4 ハイキングで朴島のハクサイ採種場を訪れる人々

● 5 寒風沢島の十二支方角石

5. 浦戸諸島

6 飛島 ── 別宅による島の盛衰
（山形県酒田市）

飛島は，酒田港の北西およそ30 kmの日本海に位置し，面積2.7 km², 周囲12 kmの山形県唯一の有人島である．同島は飛島村として一自治体を構成していたが，1950年に酒田市に編入された．4つの段丘面からなる同島の地形は，標高50～60 mにある高位段丘面の発達が著しいため，上部に平坦面を有するテーブル状の形状を呈する．集落は，北部に法木，東部に中村，勝浦の3集落が形成されている（●1）．交通機関は，定期連絡船が勝浦港と対岸の酒田港を結んでおり，所要時間は75分である．連絡船は365日運行されているが，冬期には悪天候が続くため連続して欠航する日が少なくない．

飛島の産業基盤は地理的な優位性を活かした漁業であり，戦後から1960年代にかけてはイカ漁やトビウオ漁によって栄えたが，1970年代に入ると漁獲量は減少し，島民の島外流出が進んだ．国勢調査によれば，1960年に1,451人であった人口は，2015年には204人にまで減少した．また，2015年9月30日時点の住民基本台帳人口は220人であり，国勢調査人口よりも住民基本台帳人口の方が多い．これは，住民票を島に置いたまま島を出ている人が多いことを意味しており，同島における人口動態の特徴となっている．

急激な人口減少や一時的な離島が多いという特徴は，飛島と本土との関係に起因する．同島は，古くから入り婿制や行商によって，本土との密接な関係が構築されていた．加えて，1960年代に入ると，漁業による現金収入の増加と酒田市市街地における住宅地開発が重なり，島民の多くが本土に別宅を購入した（●2）．それに伴い，荒天が続く冬期の休漁期間は本土に生活の拠点を移す島民が増え，本土との二重居住（multi habitation）が定着した．

飛島には高校や総合病院がない．そのため，時代と共に高校進学率や成人病受診率が上昇すると，本土の別宅は教育や診療のために利用されることが多くなった．島民の島外流出は，いつでも島に戻ることができるという状況下で，本土での居住期間が徐々に長期化し，最終的には本土の別宅に定住するといった過程を経て進行したと考えられる．

飛島には，島内においても別宅の歴史がある．海岸部に平坦部が少ない同島においては，生活用道路を挟んで住宅と作業小屋が海岸線に沿って細長く連なるような形態で集落が形成されてきた（●3，●4，●5）．作業小屋の多くは波打ち際に建てられ，住居として使用されることは少なかったが，1960年代に進められた港湾整備事業によって，作業小屋の前に広幅員の港湾道路が敷かれると，作業小屋は「離れ」として利用されるようになり，島民の居住スペースは大きく拡大した（●6）．そして，この「離れ」のいくつかが簡易宿泊施設に改築されることで，飛島の観光開発が進展した．しかしながら，1990年代以降は，観光客の減少と経営者の高齢化によって休・廃業する民宿が目立つようになった．

近年では，高齢者介護やまちづくりのために若年齢層が移住する事例も見られるが，定住化には至っていない．2015年における同島の高齢化率は66.0 %に達しており，移住・定住化政策のさらなる強化が待たれる．

［山田浩久］

● 1 飛島の標高区分　　　● 2 酒田市市街地の別宅

● 3 飛島の南から勝浦港を望む.

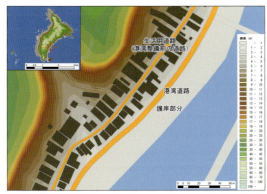

● 4 勝浦集落の家屋の配置

● 5 生活用道路

● 6 新しく建設された港湾道路

6. 飛島

北日本

7 粟島（あわしま）——環境の変化に対応してきた日本海の孤島
（新潟県粟島浦村）

　粟島は，面積 9.86 km²，周囲 23.0 km の離島であり，新潟港の北北東およそ 60 km の日本海に位置する（●1）．植生は丘陵部にタブやツバキといった原生林が観察されるが，逢坂山（235 m）と小柴山（266 m）を結ぶ分水嶺から東側では 1960 年代までマツやスギの植林が行われていた．群生しているタケは，防風柵や桶の箍（たが）として出荷されていた時期もあるが，現在では竹炭や竹酢液に加工され販売されている（●2）．

　交通機関は，定期連絡船が粟島の内浦港と対岸の村上市岩船港を結んでいる．かつては新潟―粟島の航路もあったが，1974 年に廃止された．内浦港―岩船港の所要時間は，普通船「フェリーあわしま」（●4）を使用した場合は 90 分，高速船「きらら」を使用した場合は 55 分である．

　同島は，新潟県粟島浦村として一島一村の独立した自治体を維持している．人口は 2010 年代初頭まで減少していたが，積極的な移住政策が功を奏し，近年では増加傾向にある．2015 年の国勢調査人口は 370 人であり，高齢化率は 45.5%（2010 年）から 40.5%（2015 年）まで低下した．

　集落は 2 集落で，島の西側に釜谷集落，東側に内浦集落がある．島の東部には平野部が開けているため，内浦集落では水田耕作も行われていたが，1964 年に発生した新潟地震によって壊滅した．粟島は大陸棚の外縁に沿って発達した断層帯上にあり，新潟地震は同断層帯に含まれる西傾斜の逆断層が，西北西方向に傾動したことが原因とされている．これにより同島は最大で 150 cm 隆起した．両集落の漁港は完全に機能を失い，他の建造物も何らかの被害を被ったが，島民のその後の生活を大きく変えたのは，隆起によって生まれた海岸線沿いの平野部であった．

　地震後の復興事業では，出現した平野部分の整備と大型船舶の接岸を可能にする港湾施設の建築が進められた．島民は，復興事業の土木作業によって得た現金収入で既存産業の復旧を進める一方，新たな環境の下で観光関連産業の育成に努めた．こうした背景には 1960 年代の国内観光ブームがあったことはもちろんであるが，島民が地震によって第一次産業主体の産業構造に共通の危機意識を持ったことも一因として挙げられる．

　当時は「隆起した土地は次の地震で沈下するかもしれない」という不安から，新たな土地に住居を構える島民は少なく，同地には宿泊施設をはじめ，土産屋，キャンプ場，イベント広場等が建設された（●3）．観光関連産業の育成は，これらの新施設を相互に利活用する形で進められ，1986 年のピーク時には内浦集落に 47 軒，釜谷集落に 22 軒の宿泊施設が立地していた．

　粟島観光の目玉は，豊かな自然環境と継承されてきた独特の文化である．なかでも「わっぱ煮」は焼いた石を「わっぱ」と呼ばれる杉製の桶に入れて魚介類を煮る鍋料理であり，同島の食文化を代表する観光資源に位置づけられている（●5）．観光客数の落ち込みや住民の高齢化が島の観光関連産業に深刻な影響を与えていることは明らかであるが，観光遊覧船による島めぐりや体験型観光を取り入れた島内散策など，豊かな自然を活かした新たな施策も実践されている．粟島は，自然環境の激変に続き，人文・社会環境の変化にも対応してきた孤軍奮闘の島である．　　　　[山田浩久]

① 粟島の標高

② 群生する竹林

③ 内浦集落の家屋の配置

④ フェリーあわしま

⑤ わっぱ煮

7. 粟島

8 佐渡島 ── 金山とトキが教えてくれるもの
（新潟県佐渡市）

　佐渡（●1）の島民が誇りをもって語る佐渡金山とトキは，ともに佐渡における環境の人為的改変の歴史をわれわれに教えてくれる．佐渡金山の開発は，佐渡を江戸と直結させただけではなく，佐渡の地域環境を大きく変えた．トキは無秩序な自然破壊が島の居住環境の劣化をもたらしたことを，身をもってわれわれに警告した．両者は佐渡という地域の環境のなかで結びつけられる．

佐渡金山

　佐渡の金銀山開発は16世紀半ばから本格化し，江戸幕府の財政を支えた．1989年の採掘休止までに，佐渡島の地下からは78トンの金と，2,300トンの銀が採掘された．佐渡島には大佐渡山地の西側を中心に50あまりの金銀山が分布したが，なかでも西三川砂金山・鶴子銀山・新穂銀山・相川金銀山はとりわけ重要であった．相川金銀山にはかつての露頭掘りの跡である道遊の割戸が現在も残る（●2）．

　相川金銀山の鉱山集落として発展した相川は，一時人口5万人を超え，日本海側有数の大都市に成長した（●3）．相川には金山の採掘・選鉱・精錬や資材供給にかかわる人々のみならず，佐渡奉行所に属する武家が居住し，さまざまな品を扱う商店が軒を連ねた．また，金のアマルガム選鉱にちなんだという水金町には遊郭もあった．全国各地から来たさまざまな人々が行き交う相川の町は，さながら自由都市の雰囲気を帯びていた．

　金山開発に伴う人口増加に対応するため，佐渡奉行所は，島内の農地開発を奨励した．現在も島内の丘陵部に分布する棚田の多くは，鉱山集落や都市に居住する人々に対する食糧供給を目的に開発された（●4）．また，鉱山の排水に利用されたアルキメデスポンプが灌漑用水の揚水のために転用されたり，坑内で使用された桶の製作技術は，醤油・味噌樽をはじめ，有名なたらい舟にも用いられた．佐渡金山は，島内の社会・自然環境にさまざまな側面から影響を与えた．

　佐渡市と新潟県は，2006年から佐渡金銀山の世界文化遺産登録事業に取り組んでいる．2007年には佐渡金銀山に関係する文化遺産を「金と銀の島，佐渡－鉱山とその文化－」として申請したが，翌年のユネスコの会議では，島根県の石見銀山遺跡との統合を提案された．

　その後，市・県は単独での登録を目指し，同物件は2010年に「金を中心とする佐渡鉱山の遺産群」という名称で国内の世界遺産暫定一覧表に登載された．佐渡の人々は，金山の休止で地域の誇りを失いかけていた．世界文化遺産への登録は，島に対する誇りを再び獲得しようとする取り組みである．鉱山には強制労働などの陰の部分が常にまとわりつく．しかし住民たちは，鉱山開発による島の環境の改変を肯定し，自分たちの歴史として積極的に評価しようとしている．

トキの野生復帰

　トキは東アジアに広く分布していたが，乱獲や生息環境の悪化により19世紀末から生息数が激減し，1980年代には佐渡島にいた5羽がすべて捕獲され，日本に野生状態のトキはいなくなった．

　その後，環境省佐渡トキ保護センターでは，中国で発見されたトキを譲り受け，トキの人工繁殖に取り組み，2008年からはトキを野生に返す放鳥が繰り返されている（●5）．こうした取り組

北日本

● 1 佐渡島（50万分の1地方図「関東甲信越」2007年修正，原寸）

● 2 相川金銀山の採掘跡「道遊の割戸」
（提供：佐渡観光協会）

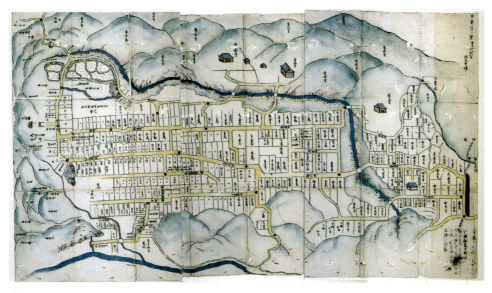

● 3 鉱山集落上相川の絵図（所蔵：新潟県立佐渡博物館）

8．佐渡島　　21

みの結果，2018年9月現在，日本の野生トキは353羽と推定される．

　トキを野生に復帰させるためには，トキが生息できる環境も同時に再生しなければならない．トキは人里の近くでタニシやドジョウをはじめとする淡水水生生物を捕食する．トキが住める環境の再生とは，水田や里山といった二次的自然環境における生物多様性を取り戻すことである．佐渡におけるトキの野生復帰は，単に種の保存と復活のみを目的としたものから，身近な自然環境の保全と地域づくりを視野に入れた取り組みへと広がりをみせた（●7．●8）．

　佐渡島の農業は稲作単一経営が主である．多くの米産地と同様，佐渡の農家も稲作に新たな展望を見出せずにいた．トキ放鳥は，意欲的な稲作農家にとって，環境保全型農業を導入するきっかけとなった．トキの餌場として休耕田や棚田のビオトープ化が進められているものの，トキの採餌環境として十分な面積は確保できない．環境保全型農業を導入することで，島内の水田の生物多様性を確保し，トキの餌場とすることが企図された．

　環境保全型農業は，農薬や化学肥料の使用を抑えた米を特別栽培米に認定する制度ができて以来，全国的に普及した．佐渡島の意欲的な稲作農家では，特別栽培米にさらなる価値を加える必要に迫られた．トキをブランド化した「朱鷺と暮らす郷」米は，佐渡市の水田農業者団体が認証するブランド米で（●6），特別栽培米の基準に加え，水田の生物生息調査を年2回実施するなど，佐渡特有の基準を満たした農家が生産する米が認証される．認証米には所得保証金が交付されることが功を奏し，2008年に427 haから始まった認証米作付は，2012年には1,367 haにまで拡大した．これは佐渡島全体の水田作付面積の27％に相当する．

　しかし，「朱鷺と暮らす郷」認証米の基準を達成することは，多くの兼業農家にとっては負担が大きい．第二種兼業農家が58％を占める佐渡島においては，農薬や除草剤を使用した農作業の省力化は，兼業農家にとっての前提条件である．また，農業機械が使用できる平野部の効率的な圃場に作業を集約した結果，里山の棚田が放棄されている．佐渡島全体で耕作放棄された水田は686 haにも及ぶ．経済の原理だけでトキが住める環境を取り戻すには限界がある．

　佐渡の人々が，島の環境のもつ自然的・歴史的価値を再発見した結果，それらは見直され，再構築されつつある．佐渡金山は自然を改変した歴史的な軌跡を物語る．トキは人為により消え去りそうになりながらも，ふたたび佐渡で生きることができそうである．佐渡島は，自然に対する人間の過ちと英知をともに教えてくれる．　　［須山　聡］

●4　岩首昇竜棚田（提供：佐渡観光協会）

●5 トキの放鳥（提供：佐渡観光協会）

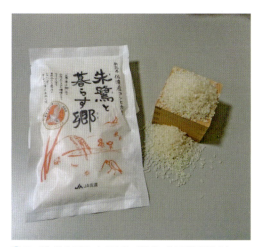

●6 「朱鷺と暮らす郷」米（提供：佐渡観光協会）

●7 餌場となる江の設置（提供：佐渡観光協会）

●8 冬の餌場を確保するための冬季湛水（提供：佐渡観光協会）

9 舳倉島 ── 海女の島は今も
(石川県輪島市)

　舳倉島は能登半島の先端，石川県輪島の北方約49 kmに位置する人口105人の島で，輪島市街地北西部の海士町に属している（●1）．集落は島の南東側に漁港を中心として立地し，瓦が強風で飛ばされないよう，屋根に太い縄を載せた家屋が現在でもみられる（●2）．島内には小中学校の分校（休校中），保育所，診療所，駐在所，火力発電所がある．

　舳倉島は，海士町の漁民が地先漁場として独占的に利用してきたが，これらの漁民は，遠く九州の筑前国鐘崎から移動してきたといわれる．1589年（天正17）に海士又平衛ら13人が能登半島南部に上陸し，貝や海藻を採取する漁撈活動を行ったとされ，九州と往来をしながら，輪島の北20 kmの七ツ島やその北の舳倉島でも漁撈活動を展開した．

　漁民は加賀藩に「のしアワビ」を貢納し，藩は漁民の功績に報いて，1649年（慶安2）に漁民が上申した借地願いを受理し，輪島に1,000坪の土地「海士町天地」を与えた．これ以降，海士町に定着した漁民は，6～10月にはいっせいに舳倉島に渡り，海女による潜水漁業などに従事した（●3）．

　海士町の漁民は，舳倉島にも夏季に居住するための家をもつが，かつては水源や燃料林が乏しく越冬はできなかった．冬季，舳倉島を引き揚げた彼らは，11・12月には舟で奥能登地域の沿岸部を移動し，海産物を米や野菜と交換した．これを「灘回り」といった．彼らは海士町を生活の拠点とし，生産基盤の舳倉島，および消費物資を確保する交換市場の奥能登地域を，海士町と有機的に結びつけた独自の空間を形づくった．

　舳倉島の土地は，海士町自治会が所有しているため（●4），自治会の加入者でなければ島で漁業を営むことができない．海士町の世帯数は145にすぎないが，自治会には，輪島市街地の他地域に居住する分家も含めて，約450世帯が加入している．海士町は輪島の水産業の中核地域であり，漁協に所属する漁船の約4割を占めるのみならず，輪島朝市の出店者のなかでも最大のグループを形成する．

　現在，舳倉島の海女は約200人を数え，国内最大の海女集団といわれる．潜水漁業によるおもな漁獲物はアワビである．漁船漁業が発展する以前は，海女が一家の稼ぎ頭であり，女の子の誕生はことのほか喜ばれた．多くの海女は現在でも漁期には舳倉島に渡島するが，近年では海士町から漁船で通う「通勤海女」も多い．海女には沿岸域の比較的浅い場所で単独で漁をする「カチカラ海女」と，男性とともに漁船で沖合に行き，命綱をつけて水深15～20 mまで潜る海女とがいる．後者の方が多くの漁獲をあげることができるが，潜水病により早く引退する海女もいる．

　海女は女性の仕事としては高収入であり，アワビ・サザエの優良漁場の舳倉島では，母や祖母の跡を継いだ若い女性の参入が現在でも絶えない．「能登のとと楽（能登の夫は楽ができるの意味）」は，勤勉で稼ぎのよい「かか（妻）」の働きを褒める言葉である．

　近年，舳倉島は海女の島としてだけではなく，釣りやバードウォッチングの拠点としても注目され，新たな価値が見出されつつある．　[須山　聡]

● 1 舳倉島および海士町（2万5000分の1地形図「舳倉島」2012年更新，原寸／電子地形図25000「輪島」2017年調製，原寸）

● 2 縄を置いて板を固定した屋根（提供：三木剛志氏）

● 3 舳倉島の海女（提供：三木剛志氏）

● 4 海上運動会（1980年代）（提供：海士町自治会）

9．舳倉島　● 25

10 伊豆大島(いずおおしま) —— 東京に一番近い火山島
(東京都大島町)

　伊豆大島は伊豆半島の東,約25 kmに浮かぶ伊豆諸島中最大の島である.伊豆諸島の北部に位置し,三原山によって形成された南北約15 km,東西約9 kmのほぼ楕円形状の火山島である(●1).高速船に乗れば,東京・竹芝桟橋から約1時間45分,熱海港(静岡県)からは45分の距離であり,東京大都市圏において手軽に離島気分の味わえる観光の島として知られている.東京から近い一方で,周辺海域は海の難所としても知られ,流人の島としての歴史を有している.古くは『日本書紀』に「伊豆は遠流の国」との記述がみられ,保元の乱に敗れた源為朝(みなもとのためとも)も大島に流された.島内には為朝ゆかりの伝承が多く残されている.

　伊豆諸島沿岸は黒潮が御蔵島(みくらじま)と八丈島の間を北上することから,伊豆大島も冬は温暖で夏は比較的涼しい.高温多雨の海洋性気候であり,日本有数の強風地帯でもある.そのため風向きによって接岸港を岡田,元町と使い分けている.集落は主に島の西海岸沿いに立地する.なかでも大島支庁をはじめ行政や関連施設が立地する元町地区に人口の約3分の1が集中する.民家は平屋が主で敷地の周りにはヤブツバキを利用した防風林や玉石・溶岩を用いた石垣が設けられている.

　島の中心部に位置する三原山は標高758 mの複式成層火山であり,外輪山の山腹には多数の側火山を有している(●2).有史以来定期的な噴火がみられ,およそ100～200年間隔で大噴火している.江戸時代以降では,1684～90年,1777年,1950～51年,そして1986年の噴火が知られている.1950年の噴火では,火口中央付近に三原新山と呼ばれる火口丘が形成された.この時には,火山弾により死亡者が出ている.1986年の噴火は住民の全島避難が実施され,1万人の島民が約1ヵ月にわたり避難した.三原山の北東側は奥山砂漠と呼ばれ,国土地理院地図に砂漠と表記される日本唯一の「砂漠」である.火山灰やスコリア(玄武岩質の火山性軽石)が堆積した緩傾斜の地形であり,強風や火山噴出物,火山ガスなどの影響を受けて植生が育たない(●3).三原山は玄武岩質の活火山であり,火山を含む地球全体の活動を学ぶことができる場所として,伊豆大島は2010年9月に日本ジオパークに認定された.

　伊豆大島は1955年に伊豆七島国定公園に指定され,続く1964年に富士箱根伊豆国立公園に編入された.風光明媚な自然と温泉に恵まれ,海水浴やフィッシング,サーフィン,スキューバダイビングなどの各種マリンスポーツの拠点として,観光業は農漁業とともに基幹産業である.しかしながら1970年代の離島ブーム時には年間80万人を超える来島者数があったものの,2015年には約20万人と4分の1に減少している.島ではマラソン大会やトライアスロン,ヨットフェスティバルといったスポーツイベントの開催や,ネイチャーガイドを養成しジオツーリズムの振興を図るなど観光客の増加に努めているが,低落傾向に歯止めはかかっていない.2015年には全日空(ANA)が羽田―大島間の路線を休止し,東京からの定期航空路は調布飛行場からの新中央航空便のみとなった.演歌歌手,都はるみの「アンコ椿」が一世を風靡してから50年.伊豆大島の観光は今,分岐点に立っている.

[松井圭介]

● 1 伊豆大島（電子地形図20万「伊豆大島」2016年調製, ×0.8, 100万分の1地方図「日本Ⅱ」2010年修正, ×0.5）

● 2 御神火茶屋から望む三原山火口（撮影：三木剛志氏）

● 3 奥山砂漠の景観（撮影：三木剛志氏）

Ⅱ 関東・東海

10. 伊豆大島

11 利島（としま）
（東京都利島村）── 日本一のツバキ油生産を支える高齢者

　伊豆諸島の利島は，東京都心の南西約130 kmの海上に位置する．面積は4.12 km^2，人口337人の島である（●1）．利島へのアクセスは，東京の竹芝桟橋から毎日1便の定期船「さるびあ丸」で10時間弱である．しかし，冬は風波の影響を受けやすいことから，欠航率が70％にまで上昇する．そのため，欠航日の利島へのアクセスは，竹芝桟橋から大島までは定期船を使用し，大島から利島までは「東京愛らんどシャトル」（ヘリコミューター）に乗り換えるのが一般的な交通手段である（●2）．

　利島は，標高507.5 mの宮塚山を山頂とする火山であるが，最近の噴火は4,000～8,000年前と推定され，現在は火山活動を休止している．全島において勾配が急で，山頂近くで35度，集落のある北側では10度前後もある．山頂近くの広葉樹林や集落周辺の畑地を除けば，島全体がテラス状に造成されたツバキ林に覆われている．これは，西風から集落を守るための防風林としての役割だけでなく，江戸幕府の要請により，需要が高まっていたツバキ油を本土に供給するという目的で，大規模な植林が進められたからである．

　隔絶性が高く，定期航空路のない利島では，産業基盤が脆弱である．就業先は，村役場など公共セクターや，公共事業に依存した建設業に限られる．加えて，高等学校がないため，島の子どもたちは中学を卒業すると島を離れなくてはならない．そのため，若年層を中心とした島外への人口流出は顕著であるが，一方で島外から赴任する教員や警察官などの公務員，工事のために島に滞在する土建業者など，一時的な滞在人口が流入することで，流出人口は相殺される．2000年以降，人口は300人台前半で推移している．

　利島の主要農産物は，生産量日本一のツバキ油である．そのほか，アシタバやシドケ（モミジガサ）といった山菜もわずかながら生産されている（●3．●4）．ツバキ油の生産工程に注目すると，まず農家が7～8月にかけてツバキ林の草刈りを行い，9～3月にかけて落下したツバキの実を拾い乾燥させる（●5）．乾燥させた実は，島内の農協において製油され（●6），整髪料や化粧品の原料として本土に出荷される．利島では，定期船の欠航率の高さから農産物の出荷に困難を伴うが，ツバキ油は，短期間ならば品質が低下することがないため，欠航が続いても出荷にほとんど影響しない．

　利島のツバキ実生産を支えているのは，60～80歳代後半の高齢農家である．彼らは，青壮年期からツバキ実生産に従事していたわけではない．世帯主は島内の公共事業に従事し，妻がツバキ実生産にたずさわる兼業農家であった．高齢になって公共事業から退職した世帯主が，ツバキ林の面積を拡大し，本格的にツバキ実生産を開始した．それは，下草刈りとツバキの実を拾うという単純な作業工程によって年間100万円程度の収入を得ることができるからである．こうしたツバキ実生産は，青壮年層ではなく年金を主要な生計手段としている高齢者だからこそ可能である．彼らにとってのツバキ実生産は，年金収入を補う補助的な収入源である．ただし，ツバキ実生産者の子世代の多くが島外へ流出しているため，後継者の育成が緊急の課題となっている．　　　［植村円香］

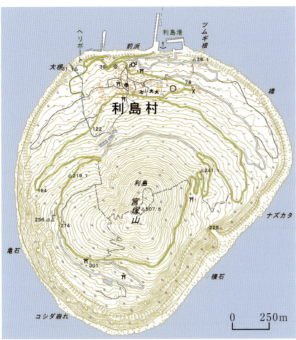

● **1** 利島（電子地形図25000「利島」2017年調製，原寸）

● **2** 大島―利島間の「東京愛らんどシャトル」

● **3** アシタバ

● **4** シドケ（モミジガサ）

● **5** ツバキ実拾い

● **6** ツバキ実から油を搾る．

Ⅱ 関東・東海

11．利島

12 三宅島（東京都三宅村）── 噴火からの復興

　三宅島は，東京から南へ約180 km，伊豆諸島を構成する火山島である．島は直径約8 kmのほぼ円形をしている（●1，●2）．東京都三宅村の1島1自治体で，人口は2,482人（2015年），2000年の噴火前の1995年に比べると，3分の2の人口規模である．島の北部から西回りに，東京都三宅支庁のある神着・伊豆・伊ヶ谷，三宅村役場臨時庁舎のある阿古・全島避難まで役場のあった坪田の5地区ある．このうち定期船の着く港は，島の東側の坪田地区にある三池港と西側の阿古地区にある錆ヶ浜港である．1964年には従来指定されていた伊豆七島国定公園から富士箱根伊豆国立公園に編入されている．

　三宅島の暮らしと噴火は不可分の関係にある．有史以降，中規模以上の噴火が17回発生している．明治期以降だけでも5回の中規模噴火を経験し，2000年の噴火では，雄山山頂からの噴火・大量の降灰，泥流の発生，そして，長期間にわたる火山ガスの大量噴出により，約4年半の全島避難を経験した．

　島の主要産業は，磯釣りやスキューバダイビングのマリンレジャーなどの観光が中心であり，2000年の噴火前はおおむね8万人前後であった入込観光客数は，2005年の帰島後は半分以下の3万人台後半に落ち込んだ．これは，帰島後に設定された火山ガス規制のため団体ツアーが組まれなくなってしまったこと，加えて，格安航空会社を代表とする割安な輸送機関・チケットの登場により，三宅島への交通費が相対的に上昇したことによる．交通費の上昇は，沖縄や海外との競争を三宅島に強いることになった．これらが観光客数が回復しない要因だといえる．

　一方，島内にはかつての噴火跡が多数みられ，火山の威力を目の当たりにできる．これら火山そのものを新たな観光資源として活用しようとする試みも行われている．「三宅島自然ふれあいセンター・アカコッコ館」を中心に火山などを説明するボランティア観光ガイドの養成を行い，ソフト面での強化をしている（●3）．なお，アカコッコとは，国の天然記念物の鳥で，三宅村の村鳥のことである．また，ハード面では看板の設置，阿古地区の1983年噴火による溶岩流の遊歩道整備など，火山島の特徴を活かした観光スポットづくりに取り組んでいる（●4）．

　さらに，今日，島出身の若者世代が戻りつつある．Uターンした20〜30歳代が主力となり，これまで島にはなかったようなお洒落なレストランやカフェなどの店舗が開業している．くさや製造販売業では，後継者が避難中に修得した魚のすり身を製品化したものが島の名物になりつつある．また，Uターン者がボランティア観光ガイドを務めたりもしている．

　さらに，2013年になり，立入制限区域やガスマスク常時携帯の規制が大幅緩和され，2014年春からは旅行会社によるツアーが再開された．あわせて東京の調布―三宅島間1日3便の航空路線も新設され，島へのアクセスが容易になった．加えて，同年6月には三宅航路に新造船が導入された．

　帰島から13年目に入り，新たな三宅島の再生に向けた取り組みがみられ，今後の動向に注目していきたい．

［髙木　亨］

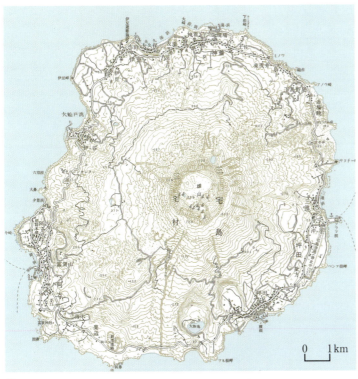

● 1 三宅島 (5万分の1地形図「三宅島」2005年修正, ×0.34)

三宅島の位置 (100万分の1地方図「日本Ⅱ」2010年修正)

● 2 島の東側から見た三宅島

● 3 ボランティア観光ガイドによる火山の説明

● 4 1983年噴火の溶岩流の遊歩道と案内板

Ⅱ 関東・東海

12. 三宅島

13 八丈島(はちじょうじま)——暖地性園芸農業の島
（東京都八丈町）

　八丈島は伊豆諸島の南部に位置し（●1），冬季でも温暖な島である．北部の八丈富士が乏水性であるのに対し（●2），南部の三原山では土壌の形成が進み，湧水や小河川が分布する．そのため，三原山南麓の坂上地区には，古くから末吉・中之郷・樫立の3集落が形成された．これに対し，現在の島の中心地であり，八丈富士と三原山に挟まれた平野である坂下地区の開発は，比較的新しい．

　八丈島では島内に自生するハチジョウススキを飼料とした乳牛飼養が明治期から始まり（●3），大手乳業資本の練乳工場が設立された．昭和戦前期には，農業生産額のほとんどを，畜産，特にバター・チーズといった乳加工品が占めた．これにオオバヤシャブシ（ハンノキの近縁種）を原木とした木炭生産と，テングサをはじめとする漁業，および切替畑におけるサトイモ栽培を組み合わせ，島の資源を活用した生業体系を形成していた．水田は坂上地区の渓流沿いや坂下地区の三原山山麓にわずかにみられるのみで，住民の主食はいも・麦類であった．

　八丈島に花卉園芸農業がもたらされたのは大正期であるが，本格的に普及したのは昭和戦前期であった．現在の八丈島では，フリージアやストレチアなどの切り花よりは，ヤシ科のフェニックス・ロベレニーや，シダの一種であるレザーファン，ユリ科のルスカスなどの切り葉が生産の主体である．特にフェニックス・ロベレニーは国内生産のほぼ全量を八丈島が独占し，一時は世界最大の産地といわれた．

　本土の園芸産地が単価の高い切り花を指向したのに対し，八丈島は切り葉といういわばニッチ需要に特化することで離島のハンディを克服し，市場において独自の地位を構築することに成功した．

　切り葉生産には地域的な差異がみられる．兼業化が進んだ坂下地区，特に東部の三根集落では省力的な農業が指向され，栽培作物はフェニックス・ロベレニーに特化し，露地栽培が卓越する．一方，坂上地区は三原山の風下斜面に位置するため，冬の季節風や台風の被害が少ない．坂上地区には専業農家が多く，ガラス温室やガラスハウスで多様な品種を栽培している（●4）．また局地的な土地条件を活かして，切り葉だけではなく，鉢物や従来からの切り花を生産する農家も坂上地区には存在する．

　八丈島の農業の景観的な特徴は，圃場を厳重に囲む防風林である．特に季節風が強い坂下地区の大賀郷では，圃場面積の約半分が防風林に覆われる．

　家屋敷地の防風林には，ツバキやシイが利用れるが，畑では切り葉にも使われるカポックやヒサカキなどが用いられる．強風を遮るため，樹木は密植されて鬱蒼と茂り，外からではそこが畑であることすら気づかない場合がある（●5）．

　さらに草丈が高いハチジョウススキは，畝間を仕切るためにも用いられる．これらの防風植物の利用は，台風や季節風の被害を受け続けてきた八丈島の地域性を物語る．また，落葉樹であるオオバヤシャブシは，夏季の直射日光を遮るシェード・ツリーとしても利用される（●6）．八丈島の農業は，島の自然環境に適応しながら，消費市場に敏感に反応して存立している．

［須山　聡］

● 1 八丈島（電子地形図20万「八丈島」2015年調製，原寸）

● 2 八丈富士

● 3 かつての牛小屋

● 4 温室での花卉栽培

● 5 防風林に囲まれたストレチアの畑

● 6 オオバヤシャブシとフェニックス・ロベレニー

13．八丈島

小笠原諸島 父島 ── 太平洋の真ん中の島暮らし
（東京都小笠原村）

日本とアメリカの間の島

　父島は小笠原諸島の中心である（●1）．2,000人余りの人が住み，小笠原村役場もここにある（2015年，人口2,089人）．

　小笠原は遠い．東京・竹芝桟橋から唯一の定期船「おがさわら丸」に乗って24時間，約1,000 kmの海を渡って，ようやく父島の二見港に着く（●2）．しかし，ここは東京都，郵便番号の上3桁は100，電話の市外局番は04から始まる．小笠原村は，父島を中心に大小30あまりの島からなり，沖ノ鳥島も属しているので，日本最南端の村でもある．ただし，普通の住民が住むのは父島のほかに母島（人口461人）だけで，それ以外の有人島は，自衛隊や気象庁の職員が常駐する硫黄島と南鳥島の2つで，村内の総人口3,022人，面積は諸島全体で104 km^{2}である．

　小笠原の歴史は，時代時代の国際関係に翻弄されてきた．小笠原という呼び名は，小笠原貞頼が16世紀にこの島々を発見したことに由来するとされているが，1675年（延宝3）には幕府が島を探検し，地図や海図を作成している．その時には住民がいなかったので「無人（ぶにん）島」と名づけられたという．小笠原の英名 Bonin はこれに由来する．

　父島に住民が定着したのは1830年（文政13）頃で，最初に住み着いたのはアメリカ系やイギリス系の人々であった．彼らのコミュニティを率いたナサニエル・セーボレーの直系子孫は，今も島に住んでいる（●3，●4）．19世紀半ばには幕府が開拓に乗り出し，日本人が入植を始めた．明治になると政府が日本統治を宣言し，各国の承認も得て，日本の領有が確定した．その時点で住んでいた欧米系住民も日本に帰化した．その後，コーヒー，ゴム，オリーブ，レモン，サトウキビなど亜熱帯気候を活かした農業が盛んになって住民も増え，1910年（明治43）頃の人口は，現在の2倍以上であった．

　1941年（昭和16）に太平洋戦争が始まると，小笠原は重要な軍事拠点となった．戦争の激化に伴って，1944年に強制疎開が命じられ，一般島民は小笠原からいなくなった．終戦以降，小笠原はアメリカの統治下に置かれ，欧米系以外の島民は帰島が許されなかった．当時の島はまさにアメリカ．小中学校に当たる「ラドフォード提督学校」での教育はもちろん英語．高校はグアムのハイスクールに進学した．服をグアム経由のカタログ販売で買ったりもしたという．

　1968年（昭和43）の本土復帰に伴って，東京都小笠原村が設置され，父島には村役場が置かれた（●5）．復帰と同時に，ラドフォード校に代わって，村立小笠原小中学校ができ，翌年には都立小笠原高校が開校した．1972年には東京―父島間の定期船が就航し，週1便の交通が確保されるようになった．

　復帰後は，強制疎開からの帰島者のほかにも，新しく移住してくる人が続いており，人口はずっと増加している．そのため比較的若い島民が多く，小笠原村の高齢化率は12.7％（2015年）と全国平均の半分以下でしかない．

　最近の島の話題は2011年の世界自然遺産登録．小笠原では，他から隔絶した立地のために，固有種の動植物が独特の生態系をつくり，日本の

● 1 小笠原諸島（20万分の1地勢図「小笠原諸島」2005年修正，原寸）

● 2 「おがさわら丸」東京出航．あと24時間

● 3 ナサニエル・セーボレーの墓

● 4 聖ジョージ教会（復帰前のコミュニティの拠点）

14. 小笠原諸島　父島

Ⅱ 関東・東海

ガラパゴスとも呼ばれている．島の自然を観察するエコツーリズム・ツアーもたくさん企画され，観光客が急増している．登録翌年には定期船による観光客はほぼ5割増となり，父島の二見港に寄港する大型クルーズ船も3倍にまで増えている（●6）．

太平洋の真ん中での暮らし

父島の面積は23.5 km^{2}で，伊豆諸島の新島とほぼ同じ，人口も新島とほぼ同規模だから，日本の離島として特に小さいというわけではない．しかし，本土から約1,000 kmという隔絶性は小笠原をおいてない．この太平洋の真ん中の島での暮らしはどのようなものだろうか．

離島でありながら，ライフラインにあまり問題はない．電力は島内に発電所があるし，ガスはプロパン，簡易水道だが水も普通に使える．教育では，父島に都立高校があるが，大学・専門学校に進学するには島外に出るしかない．新聞，雑誌などは週1回か2回の配送となる．AMラジオは夜間だけ何とか聞こえるが，テレビは，1996年から衛星回線を使って，東京の各チャンネルが再送信されるようになった．電話が本土並みに使えるようになったのは，1983年に衛星回線が開通してからである．

インターネットは1997年に衛星経由でISDNが使えるようになったが，ブロードバンドも携帯電話のネットサービスも不可能だった．しかし，2011年に小笠原—本土間の海底光ケーブルが整備され，情報インフラは劇的に改善された．島内各戸に光ケーブルが引かれ，地上デジタルテレビもFMラジオも東京の番組がすべて配信されている．インターネットも高速のブロードバンドが利用できるようになり，こと情報に限っては，離島のハンディは解消された．

父島には26ほどの店があるが（2012年経済センサス活動調査），観光客向けの店が多く，日常生活に必要な商品を扱うところはあまり多くない（●7）．スーパーは2店あり（●8），島で採れる野菜や鮮魚以外は本土から輸送されるから，「お

がさわら丸」の入港日以外には入荷はない．時期によっては，入港日前の何日かは生鮮品が入手しにくくなることもある．高級衣料品や家電，書籍などは売られていないし，酒類もビールなどに限られる．

ところがインターネットが使えるようになって，通信販売の利用が急増し，衣料品，書籍・DVD，家電などは5〜6割の世帯がネット通販を利用している．もちろん，生鮮食品をネット通販で買うことは少ないが，飲料や酒類では4割以上，日用雑貨では約6割の世帯がネット通販を利用している．

このようにネット通販が盛んな背景には，よく利用されている大手通販会社が全国一律の宅配料金を設定しており，小笠原といえども追加料金がかからないことがある．もちろん，配達には日数が余計にかかるが，品揃えや価格の点では離島の不便さはない．

一方，医療には大きな課題がある．村営の診療所があって日常的な範囲では問題ないが，専門医療を受けることになると本土に渡らなければならず，少なくとも2週間以上かかることになる．そのため，CTスキャンやレントゲンの画像を海底光ケーブルで伝送して本土の専門医の診断を仰ぐ遠隔診断が利用されている．

重篤な病気やけがの患者を緊急に大規模病院に搬送しなければならない場合には，小笠原諸島には飛行場がないので，離着水が可能な海上自衛隊の救難飛行艇US-2の派遣を依頼し，本土の病院への緊急搬送を行っている（●9）．夜間の場合には海上自衛隊のヘリで硫黄島に搬送し，硫黄島からは救難飛行艇などで本土に搬送する．搬送依頼から本土の病院への収容までには，10時間前後かかり，患者の負担も大きい．

こうした問題を解決するには陸上機が発着できる飛行場を建設することが一番だが，大規模な海面埋立を必要とすることもあって，実現のめどは立っていない．

[荒井良雄]

●5 父島北部（5万分の1地形図「父島列島」1994年修正, ×0.9）

●6 二見湾に停泊するクルーズ船

●7 父島のメインストリート

●8 復帰前から営業しているスーパー

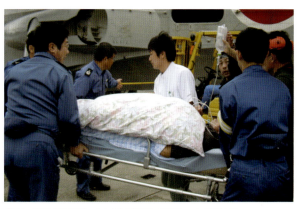
●9 救難飛行艇による緊急搬送（提供：小笠原村）

Ⅱ 関東・東海

14. 小笠原諸島・父島　　●　37

15 南鳥島 —— アホウドリの探索から日本の領土となった島
（東京都小笠原村）

　南鳥島は，小笠原諸島，父島の東南東約1,200 kmに位置する小さな三角形の島である（●1，●2）．隆起サンゴ礁の平坦な島で，現在，海上自衛隊の飛行場がある（●3）．標高9 mの島には自衛隊員のほか，海上保安庁や気象庁の職員が駐在しているが，定住者はいない．だが，かつて，この島には無数のアホウドリが生息し，一攫千金を夢見た多くの日本人が，この鳥を求めて進出したことがあった．

　南鳥島は大航海時代の1543年，スペイン東洋艦隊の小笠原近海への探検航海によって視認され，その後，太平洋捕鯨が盛んになると広く認識された島となり，1860年頃にはアメリカ人宣教師によって，マーカス（Marcus）島と命名された．日本人では，アホウドリ捕獲事業で大富豪になった玉置半右衛門の成功に刺激された水谷新六が，長年，南洋の豊土の島といわれる「グランパス島」を探し回っていたが，1896年（明治29），グランパス島とは全く異なる小さな島であるこのマーカス島に，偶然上陸した．

　この島が後の南鳥島であり，多くのアホウドリが生息していた（●4）．水谷はすぐに小笠原から労働者を導入して，アホウドリの捕獲を開始した．この鳥は人を恐れないことから簡単に撲殺で捕獲でき，その羽毛は横浜の外国商人に高値で売れたのである．1897年になって，水谷は同島を日本の領土に編入すべきという「島嶼発見届」を政府に提出するとともに，東京府にアホウドリの捕獲と漁業の許可を求めた．

　政府内では同島の所属を検討し，翌1898年になって，マーカス島を水谷島と命名しようとしたが，東京府は水谷島ではなく「南鳥島」にすることを主張した．7月になって内務大臣板垣退助は，すでに水谷が島に家屋を建設，労働者を導入し羽毛採取などの事業を行っていることから「国際法上，所謂，占領の事実」があるとして，東京府に南鳥島と命名し，小笠原島庁の所管とすることを命じた．

　その後，南鳥島の借地権をめぐって，焼津の豪商，斉藤清左衛門と水谷との間で，すさまじい確執があったが，発見届など政府への書類の提出が早かったという「先願」を理由に，水谷に借地権が与えられた．アホウドリの捕獲事業は，玉置半右衛門の鳥島から，水谷の南鳥島へと拡大したのであった．

　アホウドリのおかげで日本の領域は拡大したといえるが，進出目的であるアホウドリは乱獲により数年で減少し，次に採取したグアノ（鳥糞）やリン鉱資源も枯渇した．昭和初期には多くの出稼ぎ労働者が南鳥島から本土に引き上げ，島民は漁業に従事するわずか数世帯が残るのみとなった．だが，1935年に日本海軍が南鳥島に滑走路を建設し，その後，陸軍守備隊も進出，島は日本軍の要塞となった．1945年に敗戦，残留日本兵2,557人が帰還し，南鳥島はアメリカ軍政下に置かれ，島は再びマーカス島と名前を変えた．

　1968年，南鳥島は小笠原諸島とともに日本に返還され，マーカス島は，再度，南鳥島となった．アホウドリの探索から偶然発見された南鳥島は，その後，日本とアメリカの間で所属の変更を繰り返すという数奇な歴史をたどり，今日，日本最東端の島となっている．　　　　〔平岡昭利〕

● 1 南西上空からみた南鳥島

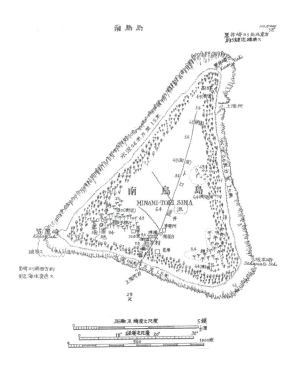

● 2 1902年の南鳥島（気象庁『南鳥島・鳥島の気象累年報および調査報告』P.4 より）

● 3 現在の南鳥島（電子地形図25000「南鳥島」2017年調製, ×0.83）

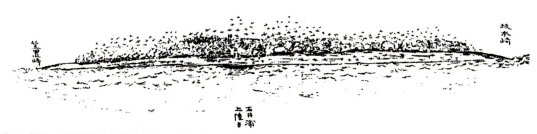

● 4 多数の鳥類が描かれた南鳥島のスケッチ
（防衛省防衛研究所図書館所蔵「公文備考」1902年所収）

15. 南鳥島　　39

16 日間賀島 ── 多幸（タコ）と福（フグ）の島
（愛知県南知多町）

日間賀島は，愛知県の知多半島南端師崎港の東沖約2kmに位置する（●1）．標高30.2mを最高点とする砂岩・泥岩などからなる丘陵地を形成し，集落は西港を有する西里と東港を有する東里からなる．島の南部の海岸は侵食が激しく，高さ約20mの海食崖が発達し，地表面は北に緩やかに傾斜している．しかし，今では護岸工事が完了し，1993年に約4kmの外周道路が完成している．日間賀島は面積0.77km²，人口1,910人で，日本の離島としては人口密度が最も高く，2,481人/km²（2018年）である．尾張の松島と呼ばれる篠島（南知多町），アートで有名な佐久島（西尾市）とともに愛知三島に属し，ともに1958年三河湾国定公園に指定された．

日間賀島の主要な産業は漁業と観光業である．2015年の国勢調査によると，就業者数999人のうち約4割に当たる384人が漁業に従事している．主な漁獲物はシラス，イカナゴ，ノリ，エビ，トラフグ，タコ，カニ，貝類などである．

この島は名古屋からの交通の便にも比較的恵まれ，1965年頃より島ブームにのって島内にホテル・旅館，さらには漁師が経営する民宿がみられるようになり，2018年4月現在，島全体に15軒のホテル・旅館と45軒の民宿が立地している．2015年において就業者の45%は，宿泊業をはじめとする観光業に従事している．

さらに，より多くの観光客を誘致するため，観光協会が中心となって，島の関係者で協議した結果，この漁業環境を利用して，島の名物をブランド化することで意見が一致した．この島では昔からタコ漁が盛んであったため，1982年より「多幸（タコ）の島」という活動が始まった．1992年にはふるさとづくり事業で，西港と東港にタコの巨大モニュメントを設置して観光客を出迎え（●3），さまざまなタコ料理でもてなしている．また，2003年に完成した下水道のマンホールにタコとフグのイラストが入った蓋を使用し，名物をアピールしている．毎年10〜12月には，1月2日に大漁と安全を祈願して船の神棚に供えるための干ダコがつくられ（●2），島の風物詩となっている．

また，日間賀島は遠州灘でのトラフグ延縄漁が盛んで，その漁獲物を下関・名古屋・東京などに出荷していた．トラフグの漁獲量は愛知県が全国的に上位を占め，その多くは日間賀島と篠島産である．このような環境下，1989年には，10〜2月末に水揚げされる高級魚トラフグを第二の名物とするため，フグ料理の講習会を開催し，1996年には名鉄とも連携して，「福（フグ）の島」の活動が本格化した．

近年では，観光客の増加を目指し，宿泊客・日帰り客にさまざまなフグ料理を提供し好評を博している．このほかにも，イルカふれあい体験・漁業体験など季節に応じてさまざまなイベントを実施し，島民の協働で観光客や釣り客の誘致に努めている．

また，この島では人情味豊かな人が多く，誰に対しても親切で，島全体がひとつの家族という考え方をもっている．そのため，島民の有志が自主パトロール隊を結成し，島民と観光客が安心・安全・快適に過ごせるよう，見回り活動を実施している．

[柿原　昇]

● 1 日間賀島（電子地形図25000「佐久島」2017年調製，原寸）　　愛知三島（50万分の1地方図「中部近畿」2007年，原寸）

● 2 風に揺れる干ダコ

● 3 東港前のタコのモニュメント

● 4 人口と産業別就業者数の推移（1985〜2015年）

● 5 西港のサンセットビーチ付近の景観

16．日間賀島　●　41

17 神島（三重県鳥羽市）——潮騒のふるさとと島むすび

　神島は三重県鳥羽港の北東約14km，愛知県渥美半島伊良湖岬の南西約3.5kmの伊勢湾口に位置する（●1）．周囲3.9km，人口354人，世帯数158戸（2018年）からなる漁業が盛んな島である．この島は東部にある標高171mの灯明山を中心に島全体が山地状の地形をなし，集落は台風の直撃を避けるため，漁港を中心に北斜面にへばり付くように立地している（●2，●4）．この神島は，答志島，菅島，坂手島とともに鳥羽4島を形成し，志摩市の的矢湾に浮かぶ渡鹿野島，英虞湾の奥にある間崎島とともに志摩諸島に属する．これらの島々は，1946年に伊勢志摩国立公園に指定された．

　神島は1954年，三島由紀夫が著した小説『潮騒』の舞台として紹介されて，一躍有名となった．この小説は，船主の娘で海女の初江と漁師の新治という若い2人を描いた素朴な純愛物語で，5回も映画化され，多くの人々がこの島を訪れるようになった．小説と映画に登場する主な撮影現場である時計台，洗濯場，八代神社，神島灯台，クライマックスシーンの舞台で，戦時中に旧陸軍が伊良湖から撃つ試射砲の着弾点を確認するために建設した旧陸軍試射施設の監的哨跡などが，今日でも保存されている．しかし，小説の舞台の島というだけでは，観光客数は伸びず，近年では観光の多様化とともに，観光客の減少に直面するようになってきた．また，この島にも少子高齢化の波が押し寄せ，漁業に従事する若者が減少し，1985年に14軒あった民宿・旅館は，家業を継ぐ子どもが少なく廃業に追い込まれ，2018年現在3軒という状況である．

　そこで，この「潮騒のロケ地」をいっそう活用した観光開発を推進するため，2002年神島を一周する近畿自然歩道と「潮騒の舞台」の説明板が整備され，2012年には監的哨跡の耐震改修工事と近畿自然歩道の案内板の増設が進められた．また，2013年には定期船乗り場に隣接して潮騒公園が完成した（●3）．この公園ではパネルで『潮騒』や神島について紹介し，まさしく「潮騒のふるさと」一色といった感がある．しかし，釣り客，ハイキング客などはみられるものの，若い世代には潮騒のふるさとというイメージが薄く，都市部での映画『潮騒』のリバイバル上映などを働きかけ，漁業と観光の連携を図って，水産物の商品化と滞在交流型体験プログラムの開発を進めている．

　このような状況下，鳥羽市では，2012年に風景・史跡・郷土料理等を「鳥羽の島遺産100選」として選定し，島の魅力創出に取り組んできた．さらに，神島を含め鳥羽4島の観光業者が協力し「島むすび」と称して互いに連携して，交流人口の増加と地域振興策を推進するため，定期的に島むすび会議を開催するようになった．その目的は，4つの島の人的交流を盛んにして，観光客の来島を協力して働きかけようとするもので，その企画立案をこの会議が中心となって進め，観光業者や近鉄・JR東海にも協力を依頼し，各島の旅館の代表者に観光大使的な役割を担ってもらうように活動している．神島では，1軒しかない旅館がタコを使った島むすびを考案して，その普及に積極的に取り組み，他の島との差別化と独創性を発揮できるよう努力している．　　　　　[柿原　昇]

● 1 神島（電子地形図25000「答志」2017年調製，原寸）　神島の位置（50万分の1地方図「中部近畿」2007年修正，原寸）

● 2 北西上空から見た神島（提供：鳥羽市）

● 3 潮騒公園とモニュメント

● 4 斜面に密集する家屋

II 関東・東海

17. 神島　　43

18 淡路島 ── 瀬戸内海最大の島

（兵庫県淡路市／洲本市／南あわじ市）

淡路島は，兵庫県の南，瀬戸内海の東部に位置し，瀬戸内海に浮かぶ島の中では，約 592 km² と最も面積の大きい島である（●1）．人口は 2015 年現在約 13 万 5,147 人である．平成の大合併までは三原郡の 4 町，津名郡の 6 町，それに洲本市を加えた 10 町 1 市であったが，2005 年に島の南部の旧三原郡の三原町，緑町，南淡町，西淡町の 4 町が合併して南あわじ市となり，さらに島の北部の旧津名郡の淡路町，津名町，北淡町，一宮町，東浦町が合併して淡路市となった．中央の旧津名郡の五色町だけは，洲本市と合併して，2006 年に新たに洲本市として出発することになった．

淡路島は瀬戸内式気候に属し，年間を通して比較的降水量が少ない．地形は全体的に山がちだが，特に南部の三原平野では冬から春にかけてはタマネギ栽培が行われ，タマネギの収穫後は同じ畑で稲作が行われるなど，農業も盛んである（●2）．戦前から花卉栽培が行われており，現在では露地栽培によってキンセンカなどが，施設園芸ではカーネーションなどが栽培されている．

日本の歴史上に淡路島の名前が登場した最も古い記録は，712 年（和銅 5）に成立したとされる古事記，最初の正史とされる日本書紀における記述である．古事記によれば伊邪那岐命（日本書紀では伊弉諾尊と表記されている）と伊邪那美命（日本書紀では伊弉冉尊）が，海を天の沼鉾でかき回したところ，その鉾の先から滴り落ちた潮が積もって「おのころ島」ができたという．そして，2 人の神はその「おのころ島」に降り立って契りをかわしたのだが，生まれてきたのは島だったと

いうのである．二神は，最初に淡路島を生み，その後，次々と現在の日本の国土，大八洲を生んだのであった．神と神が契りを交わせば，神（もしくは人間）が誕生しそうなものだが，島が生まれたとするところが興味深い．

南あわじ市のおのころ島神社が，まさにこの「おのころ島」があった場所なのではないかといわれている．おのころ島神社の大鳥居は，1982 年に建立された立派なものである．高さが 21.7 m もあり，真っ赤な柱が見るものを圧倒する（●3）．しかし，実際に現地に行ってみると，この神社からは海は見えず，「島」と呼ぶには違和感を禁じ得ない．それにもかかわらず，神社の名前に「島」の字がつくのは，今から数千年前には，辺り一帯の海水面が今よりも高く，この場所が海の中に浮かぶ小島状になっていったからではないかと考えられている．ただし，おのころ島の場所については諸説あり，正確なところはわかっていない．淡路島自体がおのころ島であるという説もあるし，淡路島の南に位置する沼島が，おのころ島であったとする説もある．この沼島にはおのころ神社（こちらは神社の名前に「島」の字が入っていない）があり，やはりイザナギとイザナミの二神が祀られている．

淡路市にある伊弉諾神宮も伊弉諾大神と伊弉冉大神の二神を祭る神社であり，地元では「一宮さん」と呼ばれて親しまれている．伊弉諾神宮は，国生みをはじめとするさまざまな神功を果たした伊弉諾尊が，余生を過ごした地と伝えられており，まさに日本の神道の始まりの地である．明治以降，本殿をはじめとする建物の整備が進んだが，

●1 淡路島（50万分の1地方図「中部近畿」2007年修正，原寸）

●2 米と野菜などを組み合わせた生産性の高い農業が営まれている（南あわじ市）

●3 おのころ島神社の大鳥居（南あわじ市）

●4 明石海峡大橋

Ⅲ 瀬戸内海・宇和海

18．淡路島

1995年1月17日の兵庫県南部地震によって大鳥居が倒壊するなど大きな被害を受けた．現在の大鳥居は，氏子の寄進によって同年11月に再建されたものであり，石鳥居としては日本有数の大きさである．

震災からの復旧と明石海峡大橋の開通

1995年1月17日明け方に起きた兵庫県南部地震は，淡路島にも大きな被害をもたらした．この地震の震源は，明石海峡の地下約14kmという淡路島からほど近い場所にあり，マグニチュード7.3，最大震度7を記録した．この地震によって，あわせて6,434人もの方々が亡くなった，まさに未曾有の大災害であった．関西地方の主要都市である神戸市三宮のビル群や高速道路が崩壊し横倒しになるなど被害は甚大であった．淡路島でも62人の方が亡くなっており，特に島の北部地域に大きな爪痕を残すことになった．地震の影響で表出した野島断層は，その後1998年に国の天然記念物に指定された．震災の記憶を後世に残すためにつくられた北淡震災記念公園に併設されている野島断層保存館には，この震災で表出した断層の一部が当時の状態で保存されている（●5）．

また，震災当時に神戸市長田区にあった通称「神戸の壁」も同館に移築されている．この壁は，公設市場の延焼を防ぐ防火壁として1927年（昭和2）に建てられたものだった．第二次世界大戦の空襲でも破壊されることなく耐え，さらに阪神・淡路大震災でも倒壊せずに残り続けたので，その不屈さが震災からの復興のシンボルとして位置づけられている（●6）．この震災の時期，淡路島の近海では大きな工事が行われていた．明石海峡大橋の建設工事である．幸い，震災による工事への影響はそれほど大きなものではなかった．徳島県と淡路島を結ぶ大鳴門橋に続いて，本州と淡路島の間にかかる明石海峡大橋が完成したことにより，淡路島は本州，四国と陸続きになった．

大鳴門橋は，全長1,629mのつり橋であり，1985年に供用が開始された（●7）．明石海峡大橋は，1998年に開通した，世界で最も長いつり橋であり（2018年現在），全長は3,911mにも及ぶ（●4）．大鳴門橋は二層に分かれた構造になっており，上部は現在，自動車用道路として利用されている．下部は将来的に鉄道線路として使用することを想定したつくりになっているが，明石海峡大橋が予算の関係で鉄道と道路の併用橋ではなく，道路単独橋として建設されたため，鳴門―神戸ルートに鉄道が通る可能性はほとんどないといってよい．したがって2017年現在，淡路島に渡る際の最も主要な交通手段は，四国側と本州側いずれの側からでも自動車である．

明石海峡大橋と大鳴門橋は，いわゆる本四連絡橋のなかでも特に交通量が多い橋として知られる．1998年の開通当時は，通行料金が高額なことでも有名であり，普通車の通行料金（本州側の垂水ICから淡路ICまでの料金）は片道2,600円もした．2018年現在ではETCを利用することで片道900円で渡ることができ（現金の場合は2,370円），以前に比べれば利用しやすい橋になったといえる．なお，大鳴門橋の通行料金（淡路島南ICから鳴門北ICまでの料金）はETC利用で平日680円（休日料金は570円）である．

これらの橋が開通する以前は，淡路島と四国・本州を結ぶ交通手段は船であった．兵庫県の明石港と淡路島の岩屋港の間には，通称「たこフェリー」と呼ばれるフェリーが就航しており，市民の重要な足として定着していた．しかし，明石海峡大橋の開通とETC割引の拡充などにより経営が悪化し，2012年にはフェリー会社が倒産して航路も廃止されてしまった．

明石と岩屋の間には，現在，人と自転車が乗船可能なフェリー（ジェノバライン）は就航しているものの，自動車は乗船することができない．また，これまでバイクの乗船もできなかったが，2017年9月から「まりん・あわじ」のみ125cc以下の小型バイク8台の搭載が可能となった．橋が通ったことによって，確かに利便性は格段に増したが，すべてが以前よりも便利になったわけではないのである．　　　　　　　　[秦　洋二]

●5 野島断層（野島断層保存館：淡路市）

●6 神戸の壁（野島断層保存館：淡路市）

●7 大鳴門橋

19 家島諸島 ── 削られた島々
(兵庫県姫路市)

瀬戸内海の東部,播磨灘に点在する家島諸島は,家島本島,坊勢島,男鹿島,西島のほか,小さな島々など合計27島からなる(●1).これらの島々のうち,男鹿島と西島は,島がなくなるのではないか,というほど採石によって大きく削り取られている(●2).

これらの島々で採掘された石材は,古くは大阪湾岸や播磨灘沿岸の築港に使われ,その後,神戸のポートアイランド(1966年着工),六甲アイランド(1972年着工)などの巨大人工島の造成のための捨石として利用されてきた.新たな人工の陸地空間は,これらの島から削り取られた石が創出したものといえる.

家島諸島の生業は,古くより漁業と島の切り売りともいえる採石,それにその石を運ぶ「石船」の三本柱によって支えられてきた.採石の歴史も古く,近世末には江戸に板石を送ったという記録があり,1874年(明治7)には石材を運搬する石船が127隻もいた.その後は近代港湾や護岸工事,埋め立ての増加に伴い,採石と海運は不可分な産業として発展してきた.島の海岸に近い「丁場」(採石場)では,山に穴を掘り火薬を詰めて爆破させ,山を一気に崩壊させる「すかし掘り」によって得られた石を,人力で石船に積み込んだ(●4).

男鹿島や西島で行われてきた採石方法が,大きく変わるのは1960年代である.小規模な家族経営の小さな丁場で行われてきた採石業は,削岩機やパワーショベルなど大型機械化が進み,巨額な設備投資が必要な産業となり,石材生産能力も飛躍的に増加した.1955年(昭和30)頃には石材採石量は年間20万 m^3 であったが,その後高度経済成長に比例するように生産が伸び,1970年代初めには年間700万 m^3 を超えた.

石材を運搬する石船も帆船から機帆船に代わり,さらに1965年(昭和40)を境にクレーンを装備した「ガット(つめ)船」と呼ばれる鉄鋼船になるとともに大型化が進んだ(●3).波打ち際までショベルカーで運ばれた石は,ガット船のクレーンで短時間のうちに船に積み込まれる.

家島諸島の採石,海運は,神戸のポートアイランドなどに続く,その後の巨大プロジェクトである関西国際空港,さらに阪神・淡路大震災の復興工事などと連動して,その採石量は増加し海運業も栄えた.2001年には神戸空港,中部国際空港などの造成工事によって,年間1,287万 m^3 と過去最大の採石量を記録した.

だが,その後は景気の低迷や公共事業の抑制によって,目ぼしい巨大プロジェクトがないなか,急速に採石量が減少し,2011年の採石量は最盛期(2001年)の16分の1の82万 m^3 であった.その結果,ガット船の身売りも続発し,船数は激減した.1970年代には7,000人を超えていた家島本島の人口は,2017年には半分以下の2,959人となり,この10年間だけで35%の人口減少をみた.一方,漁業に主力をおく坊勢島では,人口減少は小さかった.産業基盤の1つが衰退した打撃は,それに強く依存していた家島本島に大きく影響したのである.2006年,家島町は姫路市に編入合併した.公共事業依存型産業である採石・海運の再生,あるいはそれからの脱皮への長い模索が続いている.

[平岡昭利]

●1 家島諸島（5万分の1地形図「播州赤穂」1992年修正,「寒霞渓」1992年,「姫路」1991年修正,「坊勢島」1991年修正, ×0.55）

●2 削られた男鹿島

●3 家島本島真浦港に停泊するガット船

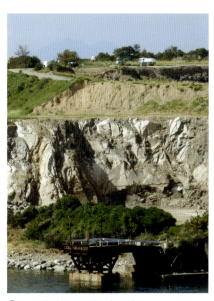

●4 男鹿島の石切場（丁場）

Ⅲ 瀬戸内海・宇和海

19. 家島諸島　49

20 小豆島 ── 島の資源を生かした手延素麺
（香川県小豆島町／土庄町）

　小豆島は，香川県高松市から20 km北東沖に位置する面積153.6 km^2，人口2万7,927人（2015年）の山がちな島である．面積は日本で19番目に大きく，瀬戸内海では淡路島に次ぐ．島は北西部に位置する土庄町と平成の合併により成立した南東部側の小豆島町からなる（●1）．

　島の産業は雨が少なく暖かい瀬戸内海型気候を活かして，農業ではオリーブやスモモが栽培されている．製造業では，400年の歴史を有する素麺や醤油のほか，地元の醤油を利用した佃煮やごま油も製造されている（●2）．また，観光業では日本三大渓谷美の1つの寒霞渓，小豆島出身の壺井栄の小説『二十四の瞳』の映画ロケ用オープンセットを活用した映画村，小豆島八十八ヶ所霊場などの観光名所があり，年間100万人を超える入域観光客数を誇る．2015年の観光客数は112万人で，国内の全離島の中で最多であった．

　香川県の麺といえば「うどん」が有名であるが，小豆島は奈良県桜井市三輪，兵庫県たつの市と並ぶ日本三大素麺産地である．10～3月に小豆島を訪れると，細く延ばした素麺を天日干しする様子がみられ，素麺のカーテンが風にそよぐ風景は冬の風物詩ともなっている（●3）．

　小豆島で製造される手延素麺は，小麦粉に食塩と水を混ぜて練り，食用油を塗って（「油返し」という），引き延ばして乾燥・熟成させてつくられる．特に，気温が低くなる冬は麺のコシが出やすいため，年間で最も良質な素麺に仕上がる．油返しには，ごま油が使用されている．それは，島内でごま油の製造が盛んであることから調達が容易であるだけでなく，他の食用油と比べて酸化しにくいため，品質を保つのに優れているからである．

　小豆島の手延素麺は，1598年（慶長3）に池田村（現小豆島町）の住民が，お伊勢参りの際に大和国三輪（現在の奈良県桜井市）に立ち寄り，三輪素麺の製造技術を習い，小豆島に広めたことが始まりである．18世紀頃まで，小豆島の手延素麺は，零細農家の手仕事であった．それは素麺の原料となる小麦，塩，水，油が小豆島内で調達でき，冬の農閑期に家族で製造できたからである．

　1890年（明治23）には小豆島池田素麺商営業組合が結成され，原料の共同購入や販路開拓などが行われたが，池田のみの組織では素麺の需要に対応しきれなくなった．そのため，1907年（明治40）に小豆島全域の素麺製造者，製粉業者，製箱業者，販売問屋によって，現在の小豆島手延素麺協同組合（小豆島手延素麺の大半を販売している組織）の前身となる小豆島素麺同業組合が結成され，よりよい製品をつくり，販路を拡大することを目指した．

　戦後は，高度経済成長期からバブル期にかけて，組合のブランドである「島の光」の中元や歳暮など贈答用としての需要が高まった．素麺の製造量は，1970年（昭和45）に10万箱を越え，1984年（昭和59）には30万箱に達した（●4，●5）．しかし，バブル崩壊とともに贈答用需要が低迷する中，素麺の製造量は減少傾向にある．こうした状況に対応するために，組合では素麺にオリーブ果実を練り込み，ごま油の代わりにオリーブ油を塗った「オリーブ素麺」やカップ素麺など，新たな商品開発を行っている．[植村円香]

(100万分の1地方図「日本Ⅱ」2010年修正)

● 1 小豆島（20万分の1地勢図「徳島」2011年2010年修正，原寸）

● 2 醤油工場

● 3 素麺の天日干し（撮影：藤井将大氏）

● 4 小豆島手延素麺協同組合のブランド「島の光」

● 5 「島の光」の木箱（撮影：藤井将大氏）

Ⅲ 瀬戸内海・宇和海

20. 小豆島　● 51

21 直島 ——現代芸術の島に
（香川県直島町）

　直島は香川県香川郡に属し，高松市の北約13 km，岡山県玉野市の南約3 kmに位置する面積7.82 km²，人口3,015人（2015年）の島で，大小27の島で構成された直島諸島の中心になる島である（●1）．

　直島は，小豆島，豊島などとともに古くは吉備国，備前国に属したこともあるが，近代に入り，1871年（明治4）丸亀県の管轄となり，後に香川県となった．このように直島は，岡山県とのつながりが深く，距離的にも岡山県玉野市の宇野港からのフェリーが，20分で直島に着くほど近い．

　歴史的には，戦国時代末期，水軍の将，高原次利が八幡山に直島城を築き，城下町として本村が整備された．しかし，直島城は1781年（天明1）消失したとされ，現在は本村の町並みだけが残っている．生活の面では，地形的に農業に不向きで，島民は製塩業や漁業，海運業などで生計を立ててきた．

　農業や漁業の不振が続くなか，直島町は，1916年（大正5）三菱合資会社（三菱金属鉱業を経て，現在の三菱マテリアル）の銅精錬所を受け入れることを決め，翌1917年には直島の北端で銅精錬所の操業が開始され，島は三菱金属鉱業の企業城下町として急速に発展していった．その結果，人口や税収が増加し，瀬戸内海の島のなかでは，有数の豊かな島となった．

　しかし，精錬所の操業は，亜硫酸ガスを発生させ，煙害をもたらし，直島の北半分および周辺の島々をほとんど禿げ山とし，下流では水害を起こした．終戦後，植林を続けて現在は緑が復活している．1990年代に隣の豊島で発生した産業廃棄物の不法投棄問題をきっかけに，直島エコタウン事業構想が始まり，環境への関心が急速に高まった．

　島の北側で煙害が大きな問題となった一方，島の南側は，緑豊かな海岸となっており，瀬戸内海国立公園に指定されている．また，島内の集落は，島の玄関口といえる宮ノ浦，戦国時代に高原次利が築いた城下町である本村，漁業の村の積浦などである．

　直島は1960年代後半に大手ホテルチェーンの藤田観光を誘致し，キャンプ場をオープンした．しかし，国立公園内という制約やオイルショックによる影響により業績が低迷し，藤田観光は撤退した．その後，1989年（平成1）福武書店（現ベネッセコーポレーション）が，キャンプ場をオープンした．さらに，同社は直島文化村構想を発表し，1992年にホテルと美術館を併設したベネッセハウスの建設など，事業を拡大させていった（●2）．同社は島全体を使った現代美術展を開催したり（●3），本村の空家の古民家を買い上げて再生し，現代美術の恒久展示場とする「家プロジェクト」を重ねていった（●4）．

　当初関心が薄かった島民からも，現代美術に対する理解が得られるようになり，また，直島でしかみられないプロジェクトや建築は，国内外から注目を集めるようになった．続いて2004年地中美術館，2010年李禹煥美術館が開館した．また，直島は2010・13・16年に開催された瀬戸内国際芸術祭のメイン会場となり，国内外にもその名が知られ，現代芸術の島としての確固たる位置を確保することとなった．

［金　徳謙］

● 1 直島（5万分の1地形図「玉野」1992年修正,「高松」2005年修正, 原寸）

直島の位置（50万分の1地方図「中国四国」2008年修正, 原寸）

Ⅲ

瀬戸内海・宇和海

● 3 屋外の展示作品

● 2 ベネッセハウス

● 4 「家プロジェクト」（空家を利用した展示）

21. 直島　● 53

22 大島 ── 閉ざされてきた島
（香川県高松市）

　大島は香川県高松市庵治町に属し，高松港から東北に約8 km，四国本土との最短距離1 kmの瀬戸内海に位置する面積0.73 km²の小さな島である（●1）．島内には国立ハンセン病療養所である「国立療養所大島青松園」が立地するだけである．そのため，一般人の来島は通常ほとんどない．

　島までのアクセスには，大島青松園が運営する専用船で高松港から20分，庵治港から15分で大島に着く船便が利用できる．船便の利用者は療養所の入所者，および勤務する職員がほとんどである．このため船便数は少ない．

　ハンセン病療養所は，日本国内に国立療養所13ヵ所と私立療養所1ヵ所があり，約1,840人（2014年）が入所しているとされる．大島にある国立療養所大島青松園もそのなかの1つで，2006年の時点で155人の入所者がいるとされたが，2016年現在は64人の入所者が暮らしている．入所者のほとんどはすでに治癒している元患者で，高齢と後遺症による障害，さらに強制的に行われた断種手術，堕胎手術のため子どもがいない元患者が多く，介護を必要として療養所に入所しているのが実情である．

　ハンセン病療養所の歴史は，100年以上前まで遡る．国立ハンセン病療養所の設立は，1907年（明治40）法律第11号「癩予防ニ関スル件」が発布されたことに端を発する．患者を強制的に隔離するため日本全国を5区に区分し，ハンセン病患者の都道府県立の収容施設であるらい療養所が設立された．らい療養所は，その後，1941年（昭和16）に国に移管，旧厚生省の所管となった．

　大島は，明治時代まで半農半漁を営む10戸ほどの島民が住んでいたが，1909年（明治42），中国・四国8県連合第4区療養所として現在の大島青松園が発足した．当時の入所者は120人である．その後，名称の変更などがあり，1946年に「国立療養所大島青松園」となった．これまでに2,000人以上の入所者が，島で隔離された生活を送っており，約1,500人を越える遺骨が島に眠っている．現在，入所者は高齢者ばかりとなっている．

　国立ハンセン病療養所は，厚生労働省の施設等機関と位置づけられ，国立病院などの機関が独立行政法人に移行するなかでも，現在も厚生労働省の施設のままである．そのことからも国のハンセン病療養所に対する認識がうかがえる．強制隔離の法的な基礎となった「らい予防法」が廃止されたのは，1996年のことである．なお，療養所内施設は，おもに医療機関と入所者の居住するコミュニティー施設で構成されている（●2）．

　大島にはこのような歴史があるゆえ，一般の人々にとって近くて遠い島であった．しかし，2010・13・16年の3回にわたり開催された「瀬戸内国際芸術祭」の会場になったことをきっかけに，閉ざされていた島は重い扉を開き，ほんの短期間，また，島内のほんの一部分ではあるが，一般人を受け入れ島内の住民（入所者）の生活を紹介した（●3）．この芸術祭開催中，多くの人々が大島を訪れ，感じたことを広くネット上に発信した意義は大きかった．島に残るハンセン病の歴史を正しく理解することで，大島の本当の価値が見直されることを期待したい．

［金　徳謙］

● 1 大島（電子地形図25000「高松北部」2017年調製，原寸）　　大島の位置（20万分の1地勢図「徳島」2010年修正，原寸）

Ⅲ 瀬戸内海・宇和海

● 2 園内の見学ルート

● 3 園内施設（芸術作品）の説明

22．大島　●　55

23 塩飽諸島 本島 —— 人名の島は今
（香川県丸亀市）

　塩飽諸島は，岡山県と香川県の間の備讃瀬戸西部海域に散在する大小28の島々によって構成され，おもな島は，香川県坂出市，丸亀市，多度津町に属する塩飽七島と呼ばれる本島，広島，牛島，手島，櫃石島，与島，高見島である（●1）．塩飽諸島の人口は，2015年国勢調査によれば1,361人であり，なかでも本島が最も多く（●2），396人を数える．

　塩飽諸島は瀬戸内海の海運の要衝であった．しかしながら，この海域は海の難所としても知られており，古来，海賊衆の横行した瀬戸でもあった．その海賊衆は，中世後期以降，塩飽水軍と称され，その卓越した航海技術をもって軍船や商船を巧みに操り，彼らの動向が瀬戸内海における多くの海戦の帰趨を決するほどであった．

　塩飽水軍は織豊期には織田信長直属となり，次いで，豊臣秀吉は1590年（天正18）に島民を御用船方に任命し，島民自治の許される「人名の島」が誕生した．江戸期においても住民自治は継承され，西廻航路の開設以降，塩飽島民は，幕府の御用船として，東北および北陸地方からの御城米輸送を独占し，18世紀の初頭に，その繁栄は絶頂に達した．

　明治以降も内海航路の発達とともに，石材の採掘や塩田の経営，商品作物の栽培により，島の経済は維持されていた．しかしながら，戦後，多くの中山間地域や島嶼部が経験してきたように，大都市圏への就業移動による人口減少が顕著となり，塩飽諸島の大半が過疎化と超高齢化の進行した島となった．2015年国勢調査によれば，手島の93.1%をはじめ，老年人口率が70%を超える島は8島を数える．

　1988年4月に本州四国連絡橋の児島坂出ルートが開通した．塩飽七島のうち，櫃石島，岩黒島，与島がこの瀬戸大橋の橋脚島となり，これらの島々の景観は一変した．一方，比較的大きな広島や本島では，依然として海上交通に頼らざるをえない交通の不便さと，地域を支える産業が衰退するなか，島の経済を支える産業のあり方が，これまで以上に模索されている．

　塩飽諸島の中心である本島は，前述の通り，塩飽水軍の本拠地であり，自治権を安堵されていた人名制度の中心島で，船方衆からなる人名より選出された4人の年寄によって政治が行われ，明治維新まで人名の自治が続いた．かつて年寄衆が政務を執った塩飽勤番所や塩飽諸島の人名と人名の長である年寄たちの墓（●3），国選定の重要伝統的建造物群保存地区の笠島集落（●4）など，本島の東南部において，当時の塩飽の営みを感じることのできるいくつかの場は，現在では本島の観光資源となっている．

　一方，塩飽諸島の島々には，本島港のすぐ近くの泊海水浴場をはじめとした，良質で市民にも人気のある海水浴場も少なくない．瀬戸大橋を横に見ながらのハイキングやサイクリングなども可能であり，日常的な観光地としての一面も有している．また，2013年の第2回瀬戸内国際芸術祭においては，本島の一部も会場となり，2万8,000人あまりの来場者があった．本島のみならず，塩飽諸島の多くの島々では，観光開発を中心とした新たな経済基盤の構築への取り組みが続いている．

［北川博史］

塩飽諸島（20万分の1地勢図「岡山及丸亀」2010年修正, ×0.5）

● 1　本島（5万分の1地形図「玉野」1992年修正「寄島」2005年修正, ×0.8）

● 2　本島の全景

● 3　年寄たちの墓（泊地区）

● 4　まち並保存地区（笠島地区）

23．塩飽諸島　本島　●　57

24 粟島（香川県三豊市）——海運業からマイ・アートの島へ

　塩飽諸島の西端に位置する粟島は，まるで船舶のスクリューのような形をしている．北側の阿島山，東側の紫谷山，西側に位置する最高峰の城山とが2本の砂州によってつながっているのである（●1．●2）．狭い耕地しかなかった粟島では，時の権力者とも結びつきながら海運業を生業としてきた．

　1827年（文政10）には，粟島で88隻の廻船を所有する船主が，粟島四国八十八カ所の石仏を開眼した．これらの廻船のうち，船主が判明できるのは半数弱の37名であり，そのうち14名は，島根県の浜田外ノ浦の清水屋に残る『諸国御客船帳』（1744〜1901年）に記載されている．また，1881年（明治14）に北海道開拓使が調査・発行した『西南諸港報告書』をみると，北海道産のニシン〆粕を肥料として北四国で生産されたタバコや藍などは，粟島を経由して再び北海道，または大阪へ移出されていた（●4）．

　明治後期になると，投機的性格を内包する廻船問屋の海運業は衰退し，粟島も同様であった．このようななか，粟島村会議員の中野寅三郎は，粟島海運業の伝統を継承するため，船員の養成機関の創設を考えた．1897年（明治30）に日本最初の地方商船学校である粟島村立海員補修学校が設立された．同校は，1940年（昭和15）に国立粟島商船学校と改められた．戦後いったんは廃校となったものの，粟島海員養成所として再建され，その後粟島海員学校と改称された．しかし日本の海運業界をとりまく環境は厳しさを増していた．その結果，4,000人以上の卒業生を送り出した粟島海員学校は，1985年に入学生徒の募集を停止し，1987年3月に，かつての分校であった，愛媛県の波方海員学校（現 国立波方海上技術短期大学校）に統合されて，90年にわたる歴史に幕を閉じた．

　1988年に粟島の活性化を意図した粟島海洋記念公園整備事業が着手され，青少年の臨海体験学習や都市住民との交流の場として，海員学校の跡地に宿泊施設「ル・ポール粟島」が建設された．旧校舎本館は，「粟島海洋記念館」として保存・活用されるようになった（●3）．開業当初における「ル・ポール粟島」の宿泊客は，海水浴客による7・8月の利用が全体の50％強を占めた．しかし現在では，当島で養殖されているカキやフグなど冬の味覚を目的とした宿泊客も少なくない．

　さらに，2006年には，ウミホタルの観察ツアーにも着手した．6〜9月の夜間に発光するウミホタルの観察は人気を集めているが，このウミホタルが，かつて軍事的に利用されていたことを知る人は少ない．第二次世界大戦時，島民は海員学校を通じて乾燥させたウミホタルを発光剤として供出していた．兵士はそれを靴底に塗り，夜間における進軍の際に目印にしたのである．

　また，2003年頃から，外国航路の船員の夫人が廃棄物となったプラスチック製のブイ（浮環・浮具）をネコに模した芸術品に加工して，庭や休耕地などに並べ始めた．現在では，島の東に位置する塩谷のブイブイ・ガーデンを中心に約300体が島内に飾られ，「マイ・アート」として親しまれている（●5）．ウミホタルやブイの活用も，「海運の島」にその起源を求められることに注目したい．

[河原典史]

●1 粟島（5万分の1地形図「仁尾」2008年修正，原寸）

●2 城山からのぞむ粟島港と柴谷山

Ⅲ 瀬戸内海・宇和海

●3 粟島海洋記念館（旧粟島海員学校．資料館と展示室になっている）

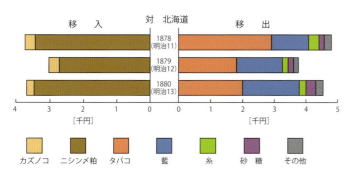

●4 粟島港の移出入品（北海道開拓使編（1881年）より作成）

●5 ブイブイ・ガーデンにある「マイ・アート」

24．粟島　●　59

25 伊吹島 ── いりこの島は今
（香川県観音寺市）

　伊吹島は香川県観音寺市に属し，観音寺港から西に10 kmほど離れ，フェリーで25分で着く．瀬戸内海の燧灘に位置する面積1.01 km^2，周囲6.2 km，人口400人（2015年）の香川県最西端の島である．安山岩，花崗岩などからなり，その周囲は断崖絶壁が続く海抜50〜100 mの台地状の地形で，集落は島の南から北にかけての平坦な地域に集中している（●1，●2）．

　伊吹島に人が定着したのは15世紀半ばと推定される．初期の定住は合田氏で，続いて16世紀後半に三好氏が来島した．三好氏は西北に，合田氏は東南に集落を構え，その間を緩衝地域とした．それぞれが現在の行政区域となり，観音寺市伊吹町の西，北，東，南，および中と真浦の6つの集落を構成している．

　伊吹村は，1956年（昭和31）に観音寺市と合併した．当時の人口は4,448人で人口稠密の島であった．しかしその後の内海漁業の不振によって，伊吹島からの，大阪の泉佐野周辺などへの漁業出稼ぎや移住が進み，島の人口は，1965年には2,866人に減少した．

　伊吹島の基幹産業は漁業と水産加工業で，典型的な漁村といえる．カタクチイワシを加工したいりこ（煮干し）は，1970年代後半から売上高が10億円を上回るようになり，1988年には約44億円を記録した．漁船の近代化や加工設備の整備（電気乾燥機の導入など）といった取り組みにより，生産の安定と品質の向上を達成し，伊吹島は日本最大のいりこ生産地となった．現在ではネット通販での取り扱いもあり，「伊吹島いりこ」ブランドを形成している．しかし，いりこ製造は季節性が強く，夏の漁繁期を除く漁閑期には出稼ぎに出かける島民が多く，年間通しての雇用という面では課題を抱えている．

　一方，伊吹島には，古い日本の産育習俗を伝える貴重な場所が最近まで残っていた．そこは「出部屋」と呼ばれ，現在は跡地が残るだけとなった．出部屋とは，出産直後の女性が産後の日々を過ごすための建物で，出産を終えたばかりの女性が集まって約1ヵ月間暮らした場所である．また，女性にとって，わずらわしい家事から解放され産後の養生ができる場所でもあった．この施設には診療室，分娩室が備えられていたが，1970年（昭和45）以降使用されなくなり1983年に取り壊され，現在は伊吹産院と書かれた門柱だけが残っている（●3）．

　典型的な漁村で独特な出産文化をもつ伊吹島も，他の島同様過疎化が進み，1995年には1,167人，2005年に793人と減少を続け，2015年に400人となった．観音寺港から伊吹島の真浦港を結ぶフェリーに搭乗する人は少なく，乗客の多くは島に縁故がある人であった．

　しかし，島と現代芸術をキーワードとする瀬戸内国際芸術祭が，2010年の第1回目に続き2013年にも開催され，伊吹島は2回目の会場に選ばれた．日頃，島民以外，島内を歩く姿がみられなかった島に，芸術祭の開催期間中，多くの観光客が訪れた．香川県の発表によると，芸術祭開催期間中，伊吹島を訪れた来島者は3万7,706人にのぼった．島では基幹産業である漁業に加え，地域振興に向けた観光が，見直されつつある（●4）．

［金　徳謙］

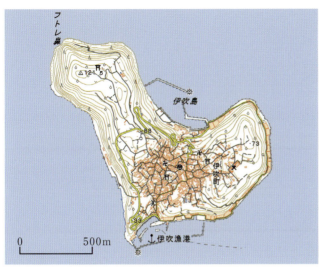

● 1 伊吹島（電子地形図25000「伊吹島」2017年調製，原寸）

伊吹島の位置（50万分の1地方図「中国四国」2008年修正，原寸）

Ⅲ 瀬戸内海・宇和海

● 2 伊吹島の集落

● 3 伊吹産院（出部屋）跡

● 4 瀬戸内国際芸術祭の展示作品

25．伊吹島 ● 61

26 北木島 ── 石で生きる島
（岡山県笠岡市）

　北木島は岡山県西部の笠岡港から，南へ約26 kmに位置し，高島，白石島，真鍋島，小飛島，大飛島，六島および北木島で構成される笠岡諸島のなかでは最大の島である（●1．●2）．島のほぼ中央には，笠岡諸島のなかでは最も標高の高い菴栗山をはじめ比較的急峻な山々が連なっており，平地に乏しい．島の人口は2015年国勢調査によれば，772人を数え，大浦および豊浦，金風呂などの浦に集落が形成されている．

　北木島は古くからの石材産地であり，江戸初期の大坂城修築の際にも，大量の石垣石を送り出してきた．北木島は，畑に2度，鍬を入れるとカチンと石に当たると揶揄されるほど石が多く，全島花崗岩の島といっても過言ではない．北木島の花崗岩は風化が進展せず，岩脈や節理の少ない良質の石材である．また，黒雲母花崗岩のためやわらかく加工しやすいという特徴ももっており，多くの構築物に使用されてきた．たとえば，東京の日本銀行本店，三越本店，日本橋，靖国神社大鳥居などに使用され，そのほか，明治神宮，大阪府庁，さらには三井や三菱などの多くの金融機関の建築物の壁や床の装飾用石材としても利用されている．

　明治中期に，おもに愛媛県からの移住者が土地を借りて丁場（採石場）をつくり，石材の採掘が本格化した（●3）．当時，愛媛県から北木島に来て石材業を営んだ人々の多くは成功者となり，島の経済を掌握するまでになった．一方，地元の人々は農業や漁業で生活できたため，丁場の石工にはならなかったが，石材の加工業や販売業には進出していった．この時期，採石から運搬，販売までを担う大規模な事業者も現われ，戦前には，北木島の石材業は，島の経済を担う産業として確立された．白石島などの他の笠岡諸島の島々は瀬戸内海国立公園に指定されているが，北木島は指定されていない．北木島は国立公園としての規制を受けては困る「石で生きる島」であった．

　北木島の石材業は，戦前期にそのピークを迎えるものの，高度経済成長期を迎えても，島の北西岸に位置する金風呂から大浦にいたる地区を中心に，丁場が約50ヵ所，加工場が約80ヵ所存在し，石材業の一大集積地を形成していた．5万分の1地形図でも，金風呂から豊浦にかけて，数ヵ所の採石場が確認できる．

　現在では，石材資源の枯渇と輸入石材や輸入加工品の増加により，採石および加工業は衰退し，丁場も2ヵ所程度までに減少している．また，対岸の笠岡市域に石材加工場を移設した業者も少なくない．

　しかしながら，2015年国勢調査から産業別従業者の構成をみると，島嶼部でありながら，漁業や小売業よりも製造業従業者の割合が多く，全体の31.3％を占めている（●4）．これらの多くは土石業に従事しており，北木島の石材業は，島の就業の場としての役割を依然として維持している．

　現在，石材業の縮小とともに，島のあり方が変化しつつある．島内には，北木石を使った彫刻作品や歴史的な伝承に基づく岩などの，石をめぐる観光スポットが整備されるとともに，産業遺産としての丁場への来訪者も少なくない．北木島では，「石で生きる島」の新たな姿への変貌が模索されつつある．

［北川博史］

● 1 北木島 (5万分の1地形図「寄島」2005年修正, 原寸)

笠岡諸島 (20万分の1地勢図「岡山及丸亀」2010年修正, 原寸)

● 2 北東上空から見た北木島

● 3 採石場（丁場）跡

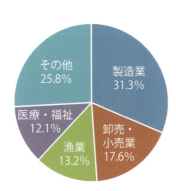

● 4 北木島の産業別従業者の構成 (2015年)

26. 北木島　● 63

Ⅲ 瀬戸内海・宇和海

27 因島 ── 水軍とハッサクの島
いんのしま
（広島県尾道市）

　因島は，芸予諸島の北東部に位置する面積35.03 km² の島である（●1）．かつては島全体と，生口島の一部などを併せて因島市を構成していたが，2006 年の市町村合併により尾道市に編入された．人口 2 万 1,994 人（2017 年）の島である．

　古代から因島を含む南備後地域は，海上交通の要衝として栄えていたが，特に鎌倉時代から室町・戦国時代にかけては，瀬戸内海を舞台に活躍した村上水軍の本拠地であった．村上水軍は，当時の瀬戸内海一帯の制海権を握っていた海賊衆であり，海上航路の中継地となる島々や沿海地に砦を築き，海上を通行する船から税金を取ったり，大名同士の手紙のやり取りを監視したりしていた．村上氏は，大きく三家に分かれており，このうち因島を拠点としていた一族は，因島村上氏と呼ばれている．島内には村上氏の墓として伝えられる数々の墓や，村上氏に由来する史跡が残っている（●2）．

　このように海とのかかわりが深い因島は，時代が下ってからは造船業の島としてその名を馳せていく．戦前，広島県呉市の海軍工廠が活況を呈していた時期に，それに関連する新造・修理の依頼が増加したため，因島を含む瀬戸内の島嶼部や沿岸部に造船所がつくられた．日露戦争終結後は，一時，造船業は不況に陥るものの，大阪鉄工所（後の日立造船）が地場の造船工場の買収に乗り出し，その後，因島工場は，堺工場とともに日立造船の新型造船部門の主力工場となった．最盛期の因島工場は 10 万トン級の船舶建造設備を備えており，1970 年代には，島の人口が 4 万人を超えるほどであった．しかし，再び訪れた造船不況により，1987 年に日立造船は因島工場の新造船部門を閉鎖することになる．

　さらに，因島の社会・経済に大きな影響を及ぼした出来事は，瀬戸内しまなみ海道の開通である．因島大橋は，中央径間長が 770 m もあって，1983 年の開通当時は日本一の長さを誇った．このため，「東洋一の吊り橋」を一目みようと近隣から多くの観光客が訪れた．地元誌の『因島ジャーナル』1984 年春号によれば，因島大橋が架かるまでの年間観光客は約 18 万人だったが，橋が開通してわずか 2 ヵ月で約 15 万人に達した．

　因島を訪れる観光客の移動手段は，当時も今もほとんどが自家用車であるが，因島大橋は二層構造になっていて，下層部分は徒歩での通行も可能である．現在，因島への観光客は激減しており，島内に散らばる村上水軍城などの観光資源を有効に活用して，観光客を呼び込む知恵が求められている．

　造船以外の因島の基幹産業はミカンを中心とする農業である．特にハッサクは江戸時代後期に因島の蜜厳浄土寺で原木が発見されて，全国に広まったといわれ，広島県の生産量は和歌山県に次いで全国第 2 位である．この寺の境内には「八朔発祥之地」と刻まれた黒い石碑が建っており，ハッサクの原木が保存されている（●3）．ハッサク（八朔）の朔とは太陽と月の黄経が等しくなる日のことであり，陰暦では「朔日」とは一日を指す．すなわち八朔は八月一日となり，元来はこの頃から食べることができる柑橘類という意味だった．しかし，現在では年内にほぼ収穫を終え，市場に出荷されるのは 2 〜 4 月頃である．　　［秦　洋二］

● 1 因島（5万分の1地形図「尾道」2001年修正,「土生」2006年修正, ×0.5）

芸予諸島東部（50万分の1地方図「中国四国」2008年修正, 原寸）

III 瀬戸内海・宇和海

● 2 村上氏の墓

● 3 「八朔発祥之地」の石碑

27. 因島　●　65

28 岩城島 ── 造船の島からレモンの島へ
(愛媛県上島町)

　岩城島は広島県尾道，三原の両市と愛媛県今治を結ぶ瀬戸内海中央にあり，芸予諸島に位置する．近くをしまなみ海道が通っているが，岩城島は架橋されておらず，因島，生口島，さらに今治とフェリーで結ばれている（●1）．人口2,033人（2015年国勢調査）の島で，2004年に弓削町，生名村，魚島村と合併して上島町となった．島の面積は8.7 km^2 で，島のほぼ中央には標高370 mの積善山があり，東西南北に山の裾を広げているため平坦面が少なく，大半が傾斜地となっている．

　岩城島は，瀬戸内海型気候に属し，年平均気温15℃以上，年間降水量は1,200 mm以下と温暖少雨で，冬の積雪は稀で霜害も少ない．この恵まれた気候条件が，戦前からミカンなどの柑橘農業を支えてきた（●2）．しかし，1972年（昭和47）に全国的なミカンの生産過剰によって，ミカン価格が低下すると，島内の果樹試験場，農協，旧村役場は，柑橘農家にミカンに代わる果樹作物としてレモンの苗木を無償で提供し，普及にあたった（●3）．

　その背景としては，1975年にアメリカ産レモンから防カビ剤が検出されたことで，国産レモンの需要が高まったことがあった．当時，瀬戸内海周辺では，通常の黄色いレモン栽培を開始する地域もみられたが，岩城島では，摘みたて直後の緑色のレモンを，新鮮な「青いレモン」として売り出し，市場で注目された．

　ただし，岩城島の柑橘農家がレモン栽培を本格的に開始したのは，2000年以降である．それには，岩城島の主産業の1つである造船業の消長が大きく関連している．岩城島が属する芸予諸島では，日立造船をはじめとした大手造船企業以外にも，地元資本の中小造船所が林立し，高度経済成長期にかけて造船業集積地帯が形成された．岩城島にも4つの造船関連会社が立地した（●4）．中でも1971年に設立された岩城造船は，500人を超える従業員を擁するなど，島内に造船関連企業への雇用の場が生まれた．

　ミカン価格が低迷したことに加えて，柑橘農業では天候や果樹作特有の隔年結果の性質のために，収穫量が年によって不安定であった．そのため，農家の世帯主は安定的な収入を求めて，造船関連企業へ就業し始め，結果として柑橘農家の兼業化が進んだ．造船業からの収入を生計の基盤としていた柑橘農家にとって，生計維持のためにミカンからレモンに栽培品種を切り替える積極的な理由がなかった．

　しかし，2000年以降，造船業に従事していた世帯主が定年退職を迎えると，世帯主はレモンへの転換に積極的に取り組んだ．ミカンのように糖度を高める必要のないレモンは，粗放的な生産が可能である．定年退職を迎えた世帯主にとって，退職後の生きがいとして年金プラスアルファの収入を得るのにレモン栽培は適している．近年は定年退職者を中心としたレモン栽培の増加により，岩城島全体でレモンの生産量が増えている．

　これらの岩城島のレモンは，島内の農家レストランでレモン料理として使用されている．また，島の特産品としてレモンを加工したジャムやジュース（果汁），ケーキなどを，全国的に開催される物産展やネット通販などで販売している．

［植村円香］

● 1 岩城島（5万分の1地形図「土生」2006年修正，原寸）

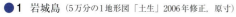

芸予諸島東部（50万分の1地方図「中国四国」2008年修正，原寸）

Ⅲ 瀬戸内海・宇和海

● 2 柑橘類の栽培

● 3 レモン（青色のレモンだけでなく黄色のレモンも栽培）

● 4 造船所

28. 岩城島　● 67

29 大三島 ── 出稼ぎと独自の信仰文化をもつ島
(愛媛県今治市)

　大三島は瀬戸内海中部，芸予諸島の中ほどに位置する(●1)．面積は64.58 km^{2}であり，瀬戸内海の島嶼では淡路島や小豆島，周防大島，江田島・能美島，倉橋島に次いで5番目に大きく，2015年の人口は5,675人である．2005年，大三島西部の大三島町と東部の上浦町がともに今治市と合併し，現在は島の全域が，今治市に属している．また，1999年には瀬戸内しまなみ海道の架橋部が全通し，本州や四国から自動車による渡島が可能となった．大三島の中西部にある宮浦地区には，伊予国一宮の大山祇神社が鎮座し，中世より鉱業や海運業，造船業などの従事者から，広く信仰を集めている(●2)．

　大三島は平坦地が少なく，自給的な農業のみでの生計維持が困難であったため，近世よりさまざまな出稼ぎや商品生産がみられた．出稼ぎは，遅くとも近世中・後期に成立し，日雇や家大工，船大工，船員などに従事した．出稼ぎ先は大三島周辺にとどまらず，西日本各地へ展開した．一方，商品生産では，塩田の開発が盛んに行われた．

　さらに出稼ぎ以外でも，島外との人々のさまざまな交流がみられるようになった．たとえば，伊勢神宮や京都本願寺などへの寺社参詣が流行したことで，土産として絵馬を購入し氏神へ寄進する習慣が成立した．また，海運業の隆盛に伴い，船員らも航海安全を祈願して船絵馬を氏神へ奉納した．さらに，甘藷（サツマイモ）を導入し飢饉から人々を救った，島東部の甘崎地区出身の巡礼者下見吉十郎を祀る芋地蔵や，春季には遍路で賑う四国霊場の写しである島四国八十八カ所をはじめ，人々の移動の活発化により独自の信仰文化も形成された．

　近代には，出稼ぎが大工業や船大工へ次第に専業化し，因島の造船所や呉海軍工廠に職工を多く送出するとともに，中国大陸やフィリピンをはじめとした海外へと出稼ぎ先が広域化した．また，島外との間で行商人が盛んに往来するようになり，島外の市場や商店へ物資の購入を代行する渡海船という事業も成立した．加えて，商品生産では，綿工業が隆盛するとともに，タバコや除虫菊といった商品作物も栽培された．

　第二次世界大戦後，出稼ぎが減少するとともに，関西地方をはじめ島外への移住が増加した．また，柑橘生産の急増がみられ，傾斜地の畑地や山林のみならず，廃止された塩田跡地までもが柑橘園へ転換された．昭和30～40年代のこの「ミカンブーム」は高収入をもたらしたが，1978年の温州ミカンの価格大暴落を契機に，柑橘生産は減少していった．

　現在の大三島は，基幹産業の衰退に伴い，過疎高齢化が進展している．柑橘農家は少量多品種栽培や直売の充実などを工夫し，本土の温州ミカン銘柄産地とは異なる形で生き残りを図っている．一方，瀬戸内しまなみ海道の全通により，大三島は本州と四国地方を結ぶ新たな観光ルートとして注目され，休日には観光バスを利用し訪れる団体旅行や，ドライブ，サイクリングで訪れる観光客がみられるようになった(●3)．ただし，これらの観光客は大三島に滞在するのではなく，他地域への移動途中に，一時的に大山祇神社や道の駅などへ立ち寄るにとどまる．今後は観光業のさらなる活性化が求められている．

[花木宏直]

● 1 大三島 (5万分の1地形図「土生」2006年修正,「三津」2001年修正,×0.5)

● 2 大山祇神社（宮浦）

● 3 しまなみ海道の多々羅大橋と道の駅（井ノ口）

III 瀬戸内海・宇和海

29. 大三島　　69

30 大崎上島 ―― 海運業と造船業の島
(広島県大崎上島町)

　大崎上島は瀬戸内海中部，芸予諸島に位置し（●1），面積は 38.27 km² である．島の全域が 2001 年に木江町と東野町，大崎町の合併により成立した大崎上島町に属する．島の人口は，1985 年には 1 万 4,101 人であったが，30 年後の 2015 年には約 7,915 人となっており，減少が続いている．大崎上島は瀬戸内海の島でも大規模な面積をもちながら，本土との間に架橋されておらず，広島県の竹原，安芸津や愛媛県の今治からは船舶を利用して渡島する（●2）．

　大崎上島は，島の北西部には平坦地が広がり，南東部は山地が海岸付近まで展開している．土地利用は，傾斜地では第二次世界大戦後，柑橘園が急増した．平坦地には近世より干潟を干拓して塩田や新田の開発が進められ，現在は水田や畑地となっている．

　島の東部の木江港や，北部の佐組島に挟まれた鮴崎港は江戸時代には「風待ち，潮待ち」の港町として栄え，近代には，筑豊地方から阪神地方へ石炭を運ぶ機帆船の寄港により隆盛した（●3）．これらの港には多数の娼妓がみられ，「オチョロ船」で停泊中の船に寄りつけ，船員に対して接客を行った．また，大崎上島には海運業者も多く成立し，矢弓地区の望月家をはじめ大きな利益を上げたものもみられた．1898 年（明治 31）には船員を養成するため，豊田郡の 13 町村により芸陽海員学校（現在の国立広島商船高等専門学校）が設立された．

　大崎上島では海運業と並び，木江地区などで造船業が発展した（●4）．大崎上島で最も古い造船所は 1856 年（安政 3）に創業し，明治から大正にかけて 57 の造船所が開業した．また，造船関連産業として，明石地区では木造船の板と板の間を詰めるための「まきはだ」というヒノキの繊維でつくった縄や，沖浦地区では船釘製造業が成立した．1919 年（大正 8）には造船工を育成するため，豊田郡立造船徒弟学校（現在の広島県立大崎海星高等学校）が設立された．同校の卒業生の多くは各地の大手造船所に就職し，それらの工場では「木江会」という同窓会が結成された．

　第二次世界大戦後，船舶の大型化や機帆船から汽船への動力源の変化，木から鉄鋼への船の素材の変化などがみられるようになり，大崎上島の海運業は，おもに鉄鋼輸送などの内航海運に従事するようになった．また，造船業では 3,000 ～ 5,000 トンの内航船を中心に建造を行い，造船所の統合と事業の拡大を繰り返しながら，1984 年には 19 の造船業者，21 の造船所へ集約された．1990 年頃には，全国の年間の内航船建造数が約 300 隻であったのに対し，大崎上島だけでその 2 割に相当する約 60 隻を建造した．

　1998 年に内航海運暫定措置事業規程が実施され，日本国内の船舶数が制限された．これに伴い，大崎上島の海運業者は，最盛期の 45 社から現在の 3 社へ減少した．また，造船業者の倒産や廃業も相次ぎ，2014 年 1 月の造船業者数は 6 社に減少し，2012 年の建造実績は 12 隻，総トン数 2 万 960 トンとなっている（●5）．2013 年以降，全国的に海運業や造船業の回復傾向がみられることから，大崎上島では今後，海運業における輸送量の上昇や造船業における建造隻数の増加が期待されている．

［花木宏直］

● 1 大崎上島（5万分の1地形図「三津」2001年修正，×0.5）

● 2 島と本土を結ぶフェリー

● 3 風待ち港・潮待ち港の町並み（木江地区）

● 4 木江地区と造船所群

● 5 大崎上島・大崎下島における船舶建造実績
（福本清（1988）『図説大崎島造船史』，および木江地区造船海運振興協議会資料による）

Ⅲ 瀬戸内海・宇和海

30. 大崎上島　● 71

31 大崎下島 ── ミカンと遊女の歴史の島
(広島県呉市)

　大崎下島は，瀬戸内海のほぼ中央部，芸予諸島にあり，広島県竹原市の南方約 20 km に位置する（●1），人口 1,893 人（2017 年）の島である．島東部の約 4 分の 3 が豊町，西部の約 4 分の 1 が豊浜町に属していたが，2005 年の合併により倉橋島，下蒲刈島，上蒲刈島，豊島などとともに呉市に編入された．

　大崎下島は，最高峰である一峰寺山（449 m）の山頂付近までミカンの段々畑が広がるミカンの島である．特に島東部の大長集落では，明治 30 年代に温州ミカンを導入し，農船を利用した出づくりによって畑を周辺島嶼へも拡大させていった結果，「大長ミカン」のブランド産地として全国に名を馳せてきた．また，1994 年（平成 6）に国の重要伝統的建造物群保存地区に選定された御手洗集落の景観も，大長ミカンとともに，島を代表する地域資源である．

　近世初頭の西廻り航路の発達により，瀬戸内海の海上交通ルートは，竹原や忠海を通航する「安芸地乗り」から，内海の中央部をより短距離で結ぶ「沖乗り」へと変化した．これに伴い，島の東端部の御手洗に，1666 年（寛文 6）から港町の造成が始まり，1713 年（正徳 3）には町年寄が設置され，町場としての地位が確立した．御手洗港には，参勤交代の西国諸大名の船や北前船が停泊したほか，1724 年（享保 9）以降，広島藩公許の御茶屋が複数建ち並んで殷賑をきわめ，その活況は「中国無双」と謳われるほどであった．近代に入り海運の趨勢はやや弱まるものの，鉄道輸送に適さない材木類などの中継地，周辺島嶼に対する物資の集散機能を維持し，港町は活況を呈した．

　昭和初頭の御手洗町の土地利用をみると，各種の行政機関や金融機関のほか，複数の病院がみられるなど，周辺島嶼を含めた地域内において高い中心性を有していた（●2）．また食品・雑貨店や各種の買い回り品店の多さに加え，千砂子波止に近い築地通りを中心に旅館や置屋，料理屋など，船員を対象とした接客業も非常に盛んであった．1958 年（昭和 33）の売春防止法施行以前，御手洗には料理屋などに呼ばれて芸を披露する芸妓のほかに，「オチョロ船」と呼ばれる小船に乗って港の停泊船に漕ぎ寄り，売春業のほか船員の身の回りの世話までを行う娼妓を含め，多数の遊女が生活していた．町の人々は，町に繁栄をもたらす彼女たちのことを，ある種の親しみを込めて「ベッピンさん」と呼んでいた．

　売春防止法の施行以降における御手洗の都市的機能の急速な衰退は，地域の停滞を招く一方，建築物の更新が進まなかったため，繁栄を誇っていた時代の町の景観を温存させる結果をももたらした．御手洗では重要伝統的建造物群保存地区に選定されて以降，2003 年には町を一望できる高台に，「歴史の見える丘公園」（●3）と遊女の墓や供養碑を伴った「おいらん公園」（●4）が完成した．さらに，2008 年までには愛媛県の岡村島以西の 7 島が，7 つの安芸灘諸島連絡架橋によって本州と陸路で結ばれた．大崎下島は，この安芸灘とびしま海道（別称，裏しまなみ海道）の重要な拠点として，宣伝活動や駐車場整備に取り組みつつ，歴史をとどめる観光地として新たな活路を見出しつつある．

［清水克志］

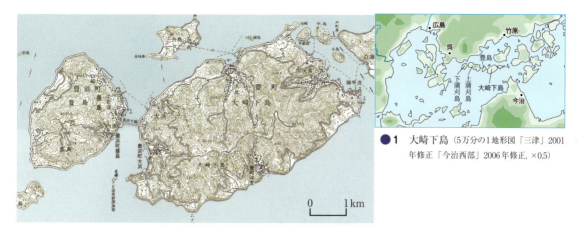

● 1 大崎下島（5万分の1地形図「三津」2001年修正「今治西部」2006年修正，×0.5）

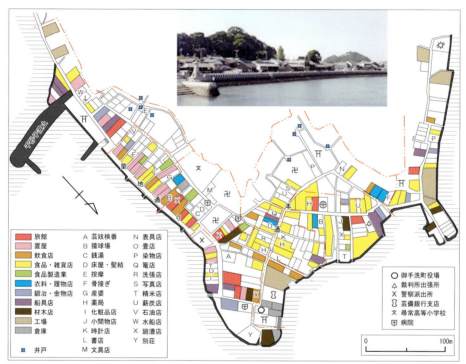

● 2 昭和戦前期における御手洗町の土地利用（八重垣正夫氏の土地利用図および聞き取りにより作成）

● 3 歴史の見える丘公園付近から眺める千砂子波止

● 4 おいらん公園と御手洗の町並み

31. 大崎下島

Ⅲ 瀬戸内海・宇和海

32 興居島 ── GO GO! 島へ向かう人々
（愛媛県松山市）

　興居島は愛媛県松山市に含まれ，四国本土の西800 mほどの海上に位置する（●1）．松山市の高浜港と興居島北部の由良港や南部の泊港の間は，船便によって約10分で結ばれる（●2）．島は南北に細長く，面積は8.40 km^{2}である．島南部に島内で最も標高の高い282 mの小富士が存在する．島の人口は1,118人（2015年）で，50年前の4分の1以下にまで減少した．

　興居島では，古くからモモなどの果樹栽培が盛んであったが，第二次世界大戦後は柑橘栽培が中心となった．ただし，土壌の違いによって，島の南北で柑橘栽培の性質は大きく異なる．温州ミカンのブランドの1つとして有名な「ごご島みかん」は，粘土質土壌の島南部で生産される．これに対して砂地の多い島北部では温州ミカン栽培には不適で，冬から春にかけて収穫される中晩柑が主である．その主な品種は「いよかん」であるが，長らく続く柑橘消費の減少のなかで，いよかんの消費量も低迷し，さらに近年では2009年にいよかん価格の大暴落が起きたことから，栽培面積は減少している．これに代わって，「せとか」や「南津海」「紅まどんな」といった新品種への転換が進んでいる．柑橘の樹園地は平坦地，傾斜地の双方に多数存在するが，紅まどんななどの新品種の栽培には，ビニルハウスが用いられ，特徴的な景観となっている（●3）．

　島北部の由良地区では，2012年現在，92戸の農家が柑橘栽培を行うが，そのうち約15戸の農家にはおもに30～40歳代の後継者が存在する．また，近年では4戸の農家に島外で就業していた子世代が後継者として島へ戻ってきた．こうした農家では，多い場合には10品種程度の中晩柑を栽培し，さまざまな需要に対応することによって，消費の減少が続くなかでも柑橘農業を持続させる取り組みが進められている（●4）．

　その一方，島の人口減少とともに，島内の由良小学校と泊小学校において児童数が減少し，両校は2009年3月末に閉校となり，同年4月からは興居島小学校として統合された．児童・生徒数の減少に対して，現在，興居島小中学校では，松山市の全域から児童・生徒を募集している（●5）．この取り組みは2010年に開始された「松山市幼保小中連携推進事業」に基づいているが，興居島ではそれ以前から島外児童を受け入れてきた．統合以前の2005年度より泊小学校で，翌2006年度からは由良小学校でも島外に居住する児童が各小学校に通い始めた．統合以前は2校合わせて全学年で5～8名であったが，統合後は15名程度にまで増加し，2013年度では興居島小学校の児童数33名のうち，12名が島外から通っていた．

　このように小中一貫校という特色ある教育体制の下で児童・生徒数の確保が目指されている．松山市としては，今後，児童数の大幅な増加や，島外から通う児童・生徒の割合向上を目標とはしていないが，興居島の住民らが島内の小・中学校の存続を望む間は，学校として維持できる程度の児童・生徒数を確保したい意向である．

　以上のように，島内人口の減少が続くなかにおいても，興居島ならではの産業や教育などの基盤づくりが進められており，このことが島の魅力を生み出す原動力となっている． ［淡野寧彦］

● 1 興居島（5万分の1地形図「三津浜」2005年修正, ×0.6. 20万分の1地勢図「松山」2012年要部修正, ×0.6）

Ⅲ 瀬戸内海・宇和海

● 2 高浜港の興居島行きフェリー乗り場（後は興居島）

● 3 斜面に広がる果樹園

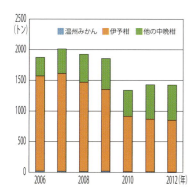

● 4 由良地区の柑橘生産の推移

● 5 興居島小中学校の教育（ホームページより）

32. 興居島　● 75

33 江田島・能美島 ── 新しい市名に「旧海軍兵学校」の島名
（広島県江田島市）

　広島湾に浮かぶ江田島と能美島は，島名がそれぞれにつけられているため，別々な島と思われがちであるが，陸続きの1つの島である（●1）．面積を合計すると，瀬戸内海では4番目に大きい島である．東が江田島，西から南が能美島であるが，この能美島はさらに西能美島と東能美島に分かれ，地形図や地勢図には，1つの陸続きの島でありながら，不思議なことに3つの島名が記載されている．

　地峡となっている江田島と東能美島の境は，「飛渡瀬」と呼ばれ，古くは海であり，別々の島であったという．だが，西能美島と東能美島の境界は，確かに標高は低いものの，完全に分離した島であったかは判断がつかない．

　近世，江田島は西の津久茂地域を除き，安芸国の安芸郡に属し，能美島は佐伯郡であった．いずれの島もサツマイモや麦，商品作物のワタやミカンなどの栽培が盛んになるにつれて，近世後期には人口が急増した．1820年頃には江田島は約3,300人，能美島はおよそ1万3,000人の人口を抱えていた．

　近代に入り，1886年（明治19），帝国海軍の第二海軍区鎮守府が呉港に置かれることが決定し，これを契機として呉は軍港都市として急速に発展するが，その影響が江田島，能美島に及ぶこととなった．鎮守府開庁の前年（1890）には，早くも東京築地にあった海軍兵学校が江田島に移転し（●2），1900年（明治33）には，呉湾に臨む秋月に海軍の火薬庫が設置され，江田島は海軍の島となった．また，能美島にも，いくつかの砲台が設置され，柿浦港や大君港から，呉海軍工廠に通勤する「職工」を専用船で送出していた．

　行政区画は江田島が江田島村，東能美島は大柿村であったが，江田島村は1951年に，大柿村は1927年に町制を施行した．1955年には西能美島の東部と東能美島の北部が能美町に，翌1956年には西能美島の西半分が沖美町となり，以来，島は4町で構成されてきた．

　これら4町は陸続きであることから，早くから広域行政に取り組み，行政の一体化が図られた．このため平成の合併においては，スムーズな新市誕生かと思われたが，新しい市名をめぐって対立が表面化した．新市名については全国公募を行った結果，全国的に知名度の高い江田島市が圧倒的に1位であり，2位が南広島市であった．だが，島内の住民に限定すれば，その公募数は逆転し，江田島市より南広島市の方が多かった．この公募市名のなかから，選考委員会は5つの候補市名を選び，合併協議会の投票で江田島市を選出した．

　これに対して能美町が合併協議会からの離脱を表明し，その後，江田島市を新市名とするか否かについて住民投票が行われ，その結果，新市名に江田島市が確定した．能美島と江田島は，行政体数では3対1，面積では7対3，人口では6対4であるが，海軍兵学校のあった島という知名度の高い江田島が新市名となった．ただ，市役所は合併後12年間，新市名に反対した能美町に置かれたが，2016年に南部の大柿町大原に移転した（●4）．早瀬大橋によって呉市と陸続きとなり（●3），江田島と能美島の分岐点ともいえる大柿町は，車社会を考えれば，将来，実質的な中心地に成長するであろう．

［平岡昭利］

● 1 江田島・能美島（20万分の1地勢図「広島」2004年修正，原寸）

（50万分の1地方図「中国四国」2008年修正，原寸）

● 2 海上自衛隊第一術科学校（旧海軍兵学校）

● 3 早瀬大橋（能美島−倉橋島を結ぶ．1973年完成）

● 4 能美島の南部，大柿町中心部

Ⅲ 瀬戸内海・宇和海

33. 江田島・能美島　　77

34 厳島 ——人口減少が続く世界文化遺産「安芸の宮島」
(広島県廿日市市)
いつくしま
(はつかいち)

　広島湾西部に位置する厳島は，神社などの建造物群や弥山（530 m）が世界文化遺産に登録され，年間約 400 万人が訪れる一大観光の島である（●1）．全国ブランドの「もみじ饅頭」や「宮島しゃもじ」の著名な土産品もある．

　この宮島は「日本三景」の1つとして「安芸の宮島」とも呼ばれ，1つの島に対して「厳島」と「宮島」という2つの呼称が全国的に通用する不思議な島でもある．古くは「伊都岐島」と呼ばれ，御笠浜に社殿をもつ「神の島」であった（●3）．平安後期，平清盛が勢力を強め，その保護を受けた厳島神社は，平家の守護神として海上に壮大な社殿を造営，「安芸国一宮」と呼ばれるようになった．

　その後，厳島信仰が瀬戸内海各地に広がり，庶民の間に盛んになるにつれ「厳島」の呼称が多くなり，また，お宮のある島，すなわち「宮島」も使用された．神社の背後には神主や僧侶が居住する町が形成され，西町の基盤となった．1555年，毛利元就が陶晴賢を破った「厳島の戦い」後も，厳島は門前町，瀬戸内海の中継港として繁栄を続け，現在，桟橋がある有之浦にも東町が形成された．

　江戸時代には，季節ごとに市が開催され，1625年には遊郭も置かれた．宮島歌舞伎など芝居や富くじが盛んに行われ，信仰の島とは正反対の商業的なにぎわいをもつ観光・歓楽の島となった．江戸時代の地誌の本である『芸藩通志』には，1,028戸，3,743人とあり，現在の宮島町の人口の2倍以上の人々が，狭い海岸沿いに居住していた．

　明治に入り，政府の神仏分離政策によって，厳島の寺院は大打撃を受け，ほとんどが廃寺になった．遊郭は広島に移転し，芝居や富くじ興業も廃止され，歓楽的な要素は除去され，神社中心の信仰の島に戻った．1889年（明治22），厳島は町村制の施行により，島全体が厳島町となった．その後，山陽鉄道の開通や宮島航路の開業によって，厳島参拝は，いっそう便利となり，手軽に行ける観光，行楽地として再びにぎわい（●4），明治末には観光客数が30万人を超えた．

　第二次世界大戦後の1950年（昭和25）には，島が瀬戸内海国立公園に編入されたのをきっかけに町名を「厳島町」から庶民的に親しまれている「宮島町」に改称した．その後の観光ブームによって，観光客数は1960年代には年間200万人を超え，50年後の2012年には400万人に到達した．だが，宮島町の人口は，戦後の1950年の5,027人から，観光客数の増加に反比例するように減少を続けた．1980年には3,305人に減り，2016年には1,697人にまで落ち込んだ．

　観光客数が400万人も訪れる世界文化遺産の島でありながら，過疎の島なのである．この人口減少を補っているのがフェリーによるわずか10分の通勤である．対岸の廿日市に住居を構え（●2），宮島口から通勤してくる人々の数は，宮島町の就業者の約半数にのぼる．圧倒的に，昼間人口が夜間人口より多い大都市のような島なのである．

　長い歴史をもつ「信仰と観光の島」は，戦後から「人口流出の島」となり，今日では島外からの「職場の島」に変わりつつある．このようななかで，2005年，宮島町は対岸の廿日市市へ編入された．

［平岡昭利］

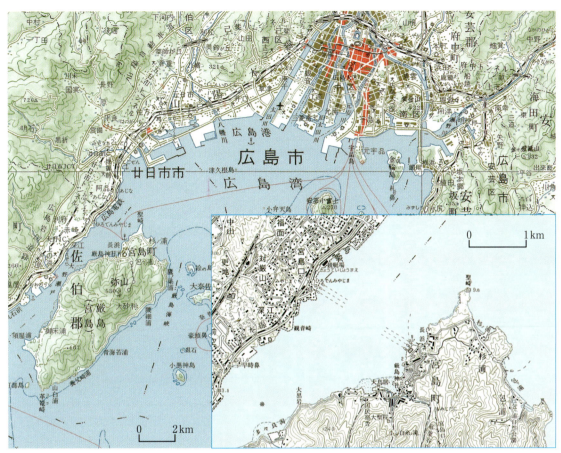

●1 厳島と広島（20万分の1地勢図「広島」2004年修正，原寸）　●2 厳島北部と廿日市市宮島口（5万分の1地形図「厳島」2002年修正，原寸）

●3 厳島神社の大鳥居と社殿

●4 厳島神社への参拝道と五重塔

34. 厳島　79

Ⅲ　瀬戸内海・宇和海

35 周防大島 ——移民の島から移住の島へ
（山口県周防大島町）

　周防大島（国土地理院による正式呼称は屋代島）は，山口県東部の瀬戸内海に位置する．瀬戸内海では淡路島，小豆島に次いで3番目に大きな島で，最高地点の嘉納山（691 m）は，小豆島の星ヶ城山（816 m）に次いで高い（●1）．2004年10月1日に旧大島，久賀，橘，東和の4町が合併した周防大島町は，周防大島と30の属島（うち有人島5）により構成されている．

　周防大島は，明治期から人口が過密であったため，大工・石工・船乗りとして島外に出稼ぎに行く人々が多かった．また，砂糖生産の拡大により深刻な労働力不足に陥っていたハワイに，ハワイ王国保護下の移民（官約移民）として渡った人々も多かった．日本からハワイへの移民は，1885年（明治18）以降の10年間で2万9,084人を数えたが，このうち13.5％に当たる3,913名が大島郡（現・周防大島町）出身者であった（●2）．

　島に残った人々は零細な農・漁業で生計を立てていたが，大正年間における生糸価格の暴落とともに温州ミカンを中心とした柑橘類の栽培が盛んになった．1960年代には町内全域で栽培規模の拡大が進み，普通畑や水田の大部分が柑橘園に転換された．特に島の東の旧東和町の温州ミカンは「マルトウ」のブランド名で東京市場でも高い評価を得た．

　1976年には本土の柳井市と大島大橋で結ばれ，島内の幹線道路である国道437号の2車線化も進んだ．また1988年には片添ヶ浜海水浴場の海浜公園整備事業が実施され，周辺にリゾートホテルやコテージ，道の駅などが整備されるにつれ，観光の島へと変貌を遂げた．

　一方，1980年以降は柑橘類の価格低迷による廃園地の増加や（●4），若年層の島外流出に伴う人口減，高齢化が急速に進んだ．島の人口は1960年には4万9,739人であったが，2010年には61.6％減少し，1万9,084人となった．高齢化率は1960年には12.3％であったが，2010年には47.7％まで上昇した（●3）．

　こうしたなかで，2000年代半ば以降は国内移住者（以下「移住者」と称す）を受け入れて，人口維持を図ろうとする動きが活発化してきた．2012年には「周防大島町定住促進協議会」が発足し，官民一体となって移住者の受け入れを進めた．2012～13年には，東日本大震災の際に発生した福島第一原発事故への懸念などから島への移住者が増加し，2年連続で社会増となった．

　当初，移住者や移住希望者は中高年層が中心であったが，近年では20～40歳代の移住者も増えてきた．40歳代以下の移住者は島に転入した後，農・漁業，養蜂業や，島の恵みを生かしたジェラート・ジャムの販売，島を紹介するポータルサイトの運営などに従事している．彼らの多くは島民とともに歩みたいという思いが強く，生産物もできるかぎり島内のチャレンジ・ショップや道の駅などで販売し，訪れる観光客に周防大島のよさを伝えようとしている（●5）．また，農業や養蜂業に従事している者は，柑橘類の廃園地を活用して有機農業や観光農園などに取り組んでおり，地域産業の再生にも寄与している．かつてはハワイなどへ多数の移民を送り出した島が，国内各地からの移住者を受け入れる島へと変貌しつつある．

［助重雄久］

● 1 周防大島（20万分の1地勢図「松山」2012年修正，原寸. 100万分の1地方図「日本Ⅲ」2010年修正，原寸）

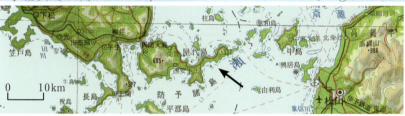

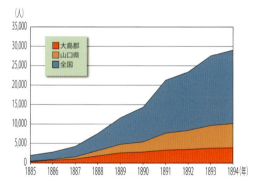

● 2 ハワイへの官約移民数（土井弥太郎（1980）『山口県大島郡ハワイ移民史』による）

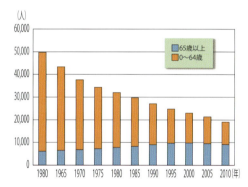

● 3 人口と高齢者数の推移

● 4 竹林やヤブに変わるミカン畑

● 5 移住者向けチャレンジ・ショップ

Ⅲ 瀬戸内海・宇和海

35. 周防大島　　81

36 日振島（愛媛県宇和島市）── 島の「宝」の行方

　日振島は愛媛県宇和島市に含まれ，宇和島市中心部から西へ約30 km離れた，四国地方最西端の有人島である．島は北西から南東にかけて細長く急峻な地形であり，北から能登，明海，喜路の3つの集落が存在するが，集落間には傾斜地が広がっている（●1）．四国本土とは，大型貨物を積載できる普通船で約2時間，高速船では約1時間で結ばれる．島の人口は2000年国勢調査で483人，2015年で289人となっている．

　日振島には，1914年（大正3）に史上最多となる2,394人が居住し，その後も2,000人前後で推移したが，1960年代には急激な人口減少が起こった．この背景として，基幹産業であったまき網によるイワシ漁が，1950年代から不振となり，経営が悪化したことがある．

　なお，これに先立つ1949年（昭和24）6月には，デラ台風によって宇和海で操業中の漁船団に乗り組んでいた日振島住民106名が犠牲となる災害も発生した．現在，日振島北部の沖の島に慰霊塔が設置されている．また，1950年代には「ねずみ騒動」と呼ばれるネズミの大発生が起き，農作物に大きな被害をもたらしたことも，島民の生活を圧迫し，島外への人口流出に拍車をかけた．例えば，いずれも日振島生まれで，現在60歳代のある夫妻の場合，計12人の兄弟姉妹のうち，6人が日振島より転出し，現在は東京都や大阪府などに居住している．

　こうしたなかで，1971年（昭和46）より，魚類養殖が新たな漁業として始まった（●2）．当初はハマチの養殖が拡大し，養殖業の経営体は1975年の7戸から1988年には16戸に増加した．さらに1994年には新規漁場設定の許可が下りたが，養殖業への新規参入の場合は，ハマチ以外の養殖魚が提示された．このため，1990年代からは約20戸の新規参入経営体を中心として，タイ養殖も次第に増加した．現在では，これらのほかにもシマアジやマグロなども養殖されるが，魚数の約8割はハマチとタイが占める．養殖に用いられる一般的な生けすの大きさは，縦横各11 m，深さ7 mほどであり，漁場の公平利用を目的に，1経営体当たり最大16台と漁協によって規制されている（●3）．2014年時点での養殖業経営体数は21戸である．

　また1970年代には，「南予レクリエーション都市」整備の一環として，日振島においても海水浴場やキャンプ場が設置された．しかし，海水浴場が開業される7・8月や個人の釣り客などを除くと，島を訪れる観光客は少なく，観光が養殖業と並ぶ基幹産業としての地位を築くには至っていない．

　ところで日振島は，平安時代，朝廷に対して反乱を起こした藤原純友の根拠地であったとされる．明海集落には当時利用されたという「みなかわの井戸」が残るほか，拠点とした城ケ森の山頂には，純友にまつわる石碑が建立されている．さらにこの場所には純友の財宝が隠されているという伝説もあるが，真偽は定かではない．むしろ現在の日振島にとっての「宝」は，島民の生活を支える養殖業を持続的に展開しうる，眼前に広がる海なのであろう．

［淡野寧彦］

● 1 日振島（5万分の1地形図「伊予高山」2002年修正,「魚神山」2002年修正, 原寸. 100万分の1地方図「日本Ⅲ」2010年修正, 原寸）

● 2 島の中央の城ケ森から見た養殖生けす

● 3 養殖生けすと喜路集落

36. 日振島

37 隠岐諸島 ── 牧畑とIターン
（島根県隠岐の島町・海士町・西ノ島町・知夫村）

隠岐の牧畑

　隠岐は島根県北部の日本海に位置し，島前3島（西ノ島，中ノ島，知夫里島）と島後から構成される（●1）．佐渡・淡路・壱岐・対馬とともに，隠岐は島でありながら，律令制下において一国をなした．

　隠岐は平地に乏しく，畑と放牧地を交互に繰り返す牧畑が農業生産の基盤をなした．島内の山林は複数の耕作区（牧）に分割され（西ノ島の場合には19），それぞれの牧は集落の住民により共同で利用・管理された．

　牧畑は，4年を1周期として「アキ山」「麦山」「粟山」「クナ山」と輪換する．作物は大麦・大豆・小豆・粟が主で，収穫後には牛馬が放された．耕作地は「タナ」と呼ばれる段畑で，斜面中腹に細長く伸び，独特の景観を形成した．山頂の平坦部は「トコ」と呼ばれ，牛馬が集まるため，糞尿が多く蓄積して肥沃であるが，強風による倒伏のリスクがあった．

　これにより，食料となる穀物が栽培されるだけではなく，役畜としての牛馬が飼養され，さらに家畜の糞尿が肥料として圃場に還元された．加えて，空中窒素を土壌中に取り込む根粒細菌をもつマメ科植物を栽培に組み込むことで，地力の維持・回復を図ることができた．

　牧野を区切る牧柵はミョウガキと呼ばれる（●2）．ミョウガキは石垣で，現在でも知夫里島や西ノ島の公共牧野でみることができる．海に面した断崖に広がる牧野の雄大な景観は，隠岐を代表する観光資源である（●3）．

　牧には民有地が多く含まれるが，その利用権は島民に等しく付与されていた．放牧場所と時期，および畑作物の選択は牧司と呼ばれる監督者の指示で行われ，牧柵の維持管理作業は，島民に平等に割り当てられた．牧畑は，畑作と放牧を輪換させることで，土地の効率的利用と地力維持を両立させる，合理的な土地利用システムであった．限られた土地資源を共同体が管理し，利用のルールを厳格に定めることで，島民が資源を公平に利用することができた．隠岐では共同体の規制を遵守することが，個人の生活基盤を維持することに直結した．

　牧畑における畑作は，1960年代以降急速に衰退し，畑・牧輪換の土地利用は崩れたが，牧は公共牧野として現在も利用されている．公共牧野では，島民であれば誰でも牛馬の放牧ができる．この公共牧野を基盤として，隠岐では肉牛繁殖が主要な農業部門として成長した．

　公共牧野での放牧は飼料コストがかからず，仔牛は比較的高価格で売れる．また，体重が軽い仔牛は輸送費がかからないため，市場から離れた地域でも生産が可能である．そのため肉牛の繁殖は条件不利地域とみなされがちな離島であっても，きわめて有利な農業経営種目である．それだけではなく，放牧中は牛の世話に手間がかからないため，壮年層が役場などで働く兼業農家であっても，肉牛繁殖経営は可能である．隠岐の肉牛繁殖経営は，牧畑という伝統的な土地利用システムを基盤として，現在も継続されている（●4）．

Iターンによる島おこし

　島前の中ノ島は1島で海士町を構成している．海士町は，本土からの移住者（Iターン者）を受

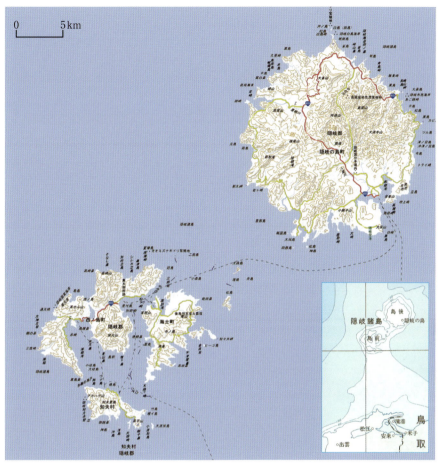

● 1 隠岐諸島（電子地形図20万「西郷」2015年調製,「松江」2016年調製, ×0.53）

● 2 知夫里島の牧畑の牧柵（ミョウガキ）（提供：知夫村教育委員会）

37. 隠岐諸島　　85

け入れることで，島の活性化に成功しつつある，「島おこしの優等生」である．

隠岐の人口は戦後一貫して減少を続け，1960年の4万1,639人から2010年には2万1,688人に，同時期に海士町の人口は6,160人から2,374人に減少した．町では財政再建団体への転落が危惧された．離島の雇用と所得の源泉であった公共事業は，21世紀に入ってからは規模が縮小し，全国の離島では新たな産業基盤づくりを模索する必要に迫られた．

海士町では，地域資源を再評価することで新たな商品の創出を試みている．多くの離島が，良好な自然環境を生かした観光に，新たな産業の活路を見出そうとする．それは，自然環境を資源とする観光という産業が，宿泊と交通以外では多額の投資を必要としないようにみえるからである．しかし，実際のところ観光開発には莫大な投資が必要である．離島において観光に依存した「島おこし」の成功例はきわめて少ない．これに対し，海士町は海産物をはじめとする特産品などの「もの」を新たに創り出すことに力を入れている．

新たな島の商品を開発する上で，海士町ではIターン者の知識と発想を活用している．海士町には人口の1割を超える約360人のIターン者が居住し，その多くが20～40歳代の現役世代である．Iターン者を受け入れるため，町では定住促進住宅や家電・家具つきの体験交流住宅を整備している（●5）．1998年からはIターン希望者を「商品開発研修生」として受け入れ，給与と住宅を支給する制度が整備されている．

こうした海士町の取り組みは，Iターン者を単なる「都会から来た物好きな人」とみなすのではなく，島にはない価値観と，大都市圏で身につけた技術や人脈をもった人材として活用する姿勢の現れである．事実，海士町ブランドのさきがけとなった「島じゃ常識！さざえカレー」は，肉の代わりにサザエを入れたレトルトカレーである．隠岐では一般的なカレーの食べ方であるが，これに注目したIターン者が商品化した（●6）．

また，離島であるため販路が限られていた養殖イワガキを，CAS（cells alive system）という特殊な方法で冷凍し，島の特産品としたのもIターン者である．このほか，天然塩，干しナマコ，フクギ茶などがIターン者によって商品化されている．また，牧畑で放牧される肉牛も，本土に仔牛を出荷するだけではなく，成牛まで育ててブランド化する試みに，Iターン者が取り組んでいる．

こうした取り組みの結果，海士町の過疎には歯止めがかかりつつある．2010～15年の人口減は隠岐全体では－5.0％の1,085人減であったのに対し，海士町では－0.9％の21人減にとどまっている．また同時期において，隠岐全体の生産年齢人口率が53.3％から49.8％に低下したのに対し海士町では両年とも51％を維持している．Iターン者の受け入れは，島の人口維持にも大きく貢献している．

海士町にある島根県立隠岐島前高等学校は，過疎化と少子化により，一時は生徒数が28人にまで減少し，存廃の瀬戸際に立たされた．同校では大学進学を重視した特別進学コースと，地域社会で活躍する人材を育成する地域創造コースを設け，さらに島外からの「島留学」を受け入れるなど，小規模校の特徴と島という環境を生かした学校づくりを進めている（●7）．

Iターン者の受け入れについては，他の自治体も積極的である．知夫村では定住促進支援事業として，新築住宅取得で150万円，持家改修で100万円を限度として助成し，引っ越し費用として20万円を支給する．また，西ノ島町では，新規就農を支援するため，町有の牛や畜舎を貸し付けたり，医療・介護従事者には就業一時金36万円と移転費用15万円を上限に支給している．こうした施策には，単に人を呼び込むだけにとどまらず，U・Iターン者の知識や技能を島の振興に活用しようとする意図が込められている．

隠岐では，Iターン者が島の一員として，島おこしのなかで重要な役割を果たしている．

［須山　聡］

●3 西ノ島の公共牧野（提供：西ノ島観光協会）

●4 隠岐牛

●5 Ｉターン者向けの定住促進住宅（海士町）

●6 島じゃ常識！さざえカレー

●7 隠岐島前高等学校地域創造コースの授業

Ⅳ　日本海西部・九州北部

37. 隠岐諸島　　87

38 蓋井島（山口県下関市）

ふた　おい　じま

—— エミュー牧場を経営する漁業の島

オーストラリアの草原に生息する大型の鳥である「エミュー」を導入し，牧場を開いた小さな島が，本州最西端の下関市にある．その島は響灘に浮かぶ面積 2.32 km²，周囲 10.4 km の蓋井島である（●1）．島へは市営の渡船蓋井丸（50 トン）が，市街地の北の吉見港から海上 12 km を 35 分で結んでいる（●2）．

島の人口は 93 人，世帯数は 37 と住民登録（2017 年）されているが，島外に出ている場合も多く，実際の居住者はこれより少ない．昭和 30 年代には，人口は 200 人を超えていたが，1975 年には 149 人，2000 年には 123 人，2015 年 90 人と減少した．

おもな産業は漁業であるが，近世までは農業が中心の島であり，島民が海に進出したのは，明治以降であった．その後，半農半漁の時代を経て，第二次世界大戦後，本格的に漁業へ進出した．島の漁業形態は個人漁業の一本釣りやアワビやサザエなどの採貝，岩ノリやヒジキなどの採藻と，漁業協同組合が自営事業として運営してきた共同漁業の大型定置網漁業であるが，島からの若者の流出による後継者不足と漁業者の高齢化により，個人漁業も共同漁業も 1990 年以降，水揚高の減少が続いている（●5）．

島での働き手が少なくなったことは，漁業生産の減少ばかりか，小学生の急減による学校の休校の危機など島社会にマイナスの連鎖を引き起こし，島の活気が失われていった．

島に活気を取り戻すには，と考えた島民によってオーストラリアの国鳥であるエミューが，導入されることになる（●3）．ただ，当初はエミューなど念頭にもなく，とにかく「島おこし」につながることであれば何でもよかった．たまたまテレビでダチョウの飼育が放映され，ダチョウの飼育によってこの島の活性化につなげられないかと有志による研究が始められた．

2002 年，山口市で開催された博覧会の「きらら博」でエミューが飼育されているのを偶然知り，関係者を通じてエミューの卵をアメリカから輸入したものの，そのほとんどが割れていた．再度挑戦し，暗中模索のなかで卵を孵化させ（●4），8 羽を成鳥まで育てた．そのエミューは現在 100 羽を超えている．

当初，肉の利用を考えていた島民は，屠殺にかかわる法的な規制が多いことを知り，肉の出荷は無理と判断して，肉を加熱して取り出すオイル生産に切り替えた．エミュー・オイルは，オーストラリアでは先住民のアボリジニーも薬として利用しているといわれ，脂肪酸が多く浸透性が高いので，近年，スキンケアのオイルとして注目されている．

だが，オイルの製造は手作業であり，かつ販売もインターネットで注文を受け宅配便で送っている現状では，大量注文を受けない限り，大きな利益は期待できない．しかし，試行錯誤しながら副業的にやってきたエミューの飼育という仕事は，この島で 1 つの産業基盤を形成しつつあり，新たな展開への可能性がある．この小さな蓋井島の人々は，これまで常に新しい何かを求めて，農業や漁業にチャレンジしてきた．離島ではほとんど例のない「エミューという独特の商品」を生かせる道がある．

[平岡昭利]

朝倉書店〈地理学関連書〉ご案内

自然地理学事典

小池一之・山下脩二 他編
B5判 480頁 定価（本体8800円+税）（16353-7）

近年目覚ましく発達し，さらなる発展を志向している自然地理学は，自然を構成するすべての要素を総合的・有機的に捉えることに本来的な特徴がある。すべてが複雑化する現代において，今後一層重要になるであろう状況を鑑み，自然地理学・地球科学的観点から最新の知見を幅広く集成，見開き形式の約200項目を収載し，簡潔にまとめた総合的・学際的な事典。〔内容〕自然地理一般／気候／水文／地形／土壌／植生／自然災害／環境汚染・改変と環境地理／地域（大生態系）の環境

地 形 の 辞 典

日本地形学連合編 鈴木隆介・砂村継夫・松倉公憲責任編集
B5判 1032頁 定価（本体26000円+税）（16063-5）

地形学の最新知識とその関連用語，またマスコミ等で使用される地形関連用語の正確な定義を小項目辞典の形で総括する。地形学はもとより関連する科学技術分野の研究者，技術者，教員，学生のみならず，国土・都市計画，防災事業，自然環境維持対策，観光開発などに携わる人々，さらには登山家など一般読者も広く対象とする。収録項目8600。分野：地形学，地質学，年代学，地球科学一般，河川工学，土壌学，海洋・海岸工学，火山学，土木工学，自然環境・災害，惑星科学等

気 候 変 動 の 事 典

山川修治・常盤勝美・渡来 靖編
A5判 472頁 定価（本体8500円+税）（16129-8）

気候変動による自然現象や社会活動への影響やその利用について幅広い話題を読切り形式で解説。〔内容〕気象気候災害／減災のためのリスク管理／地球温暖化／IPCC報告書／生物・植物への影響／農業・水資源への影響／健康・疾病への影響／交通・観光への影響／大気・海洋相互作用からさぐる気候変動／極域・雪氷圏からみた気候変動／太陽活動・宇宙規模の運動からさぐる気候変動／世界の気候区分／気候環境の時代変遷／古気候・古環境変遷／自然エネルギーの利活用／環境教育

観光危機管理ハンドブック —観光客と観光ビジネスを災害から守る—

髙松正人 著
B5判 180頁 定価（本体3400円+税）（50029-5）

災害・事故等による観光危機に対する事前の備えと対応・復興等を豊富な実例とともに詳説する。〔内容〕観光危機管理とは／減災／備え／対応／復興／沖縄での観光危機管理／気仙沼市観光復興戦略づくり／世界レベルでの観光危機管理

ベラン世界地理大系9 西部・中部アフリカ

末松 壽・野澤秀樹 編訳
B4変判 280頁 定価（本体16000円+税）（16739-9）

〔内容〕黒い大陸／サヘル地域（セネガル／ガンビア／モーリタニア／マリ／ニジェール／他）／ギニア湾沿岸部（ガーナ／コートディヴォワール／ベナン／ナイジェリアほか）／中部アフリカ（カメルーン／チャド／コンゴ／コンゴ民主／他）

世界自然環境大百科8 ステップ・プレイリー・タイガ

大澤雅彦 監訳
A4変判 488頁 定価（本体28000円+税）（18519-5）

プレイリーなどの草原およびタイガとよばれる北方林における，様々な生態系や動植物と人間とのかかわり，遊牧民をはじめとする人々の生活，保護区と生物圏保存地域などについて，多数のカラー写真・図表を用いて詳細に解説。

まちを読み解く —景観・歴史・地域づくり—

西村幸夫・野澤 康編
B5判 160頁 定価（本体3200円+税）（26646-7）

国内29カ所の特色ある地域を選び，その歴史，地形，生活などから，いかにしてそのまちを読み解くかを具体的に解説。地域づくりの調査実践における必携の書。〔内容〕大野村／釜石／大宮氷川参道／神楽坂／京浜臨海部／鞆の浦／佐賀市／他

世界地誌シリーズ

世界の諸地域を正確に認識するためのテキストシリーズ

1. 日 本

菊地俊夫編
B5判 184頁 定価(本体3400円+税)(16855-6)

教員を目指す学生のための日本の地誌学のテキスト。自然・歴史・産業・環境・生活・文化・他地域との関連を例に,各地域の特色を解説する。〔内容〕総論／九州／中国・四国／近畿／中部／関東／東北／北海道／世界の中の日本

2. 中 国

上野和彦編
B5判 180頁 定価(本体3400円+税)(16856-3)

教員を目指す学生のための中国地誌学のテキスト。中国の国と諸地域の地理的特徴を解説する。〔内容〕多様性と課題／自然環境／経済／人口／工業／農業と食糧／長江デルタ／珠江デルタ／西部開発と少数民族／都市圏／農村／世界の中の中国

3. E U

加賀美雅弘編
B5判 164頁 定価(本体3400円+税)(16857-0)

教員を目指す学生のためのヨーロッパ地誌学のテキスト。自然,工業,観光などのテーマごとに,特徴のあるEU加盟国を例として解説する。〔内容〕総論／自然・農業／工業／都市／観光／移民／民俗／東欧／生活／国境／世界とEU

4. ア メ リ カ

矢ケ﨑典隆編
B5判 176頁 定価(本体3400円+税)(16858-7)

教員を目指す学生のためのアメリカ地誌学のテキスト。生産様式,生活様式,地域が抱える諸問題に着目し,地理的特徴を解説する。〔内容〕総論／自然／交通・経済／工業／農業／多民族社会／生活文化／貧困層／人口構成／世界との関係

5. イ ン ド

友澤和夫編
B5判 160頁 定価(本体3400円+税)(16925-6)

インド地誌学のテキスト。インド共和国を中心に,南アジアの地域と人々のあり方を理解するために最適。〔内容〕地域編成と州／巨大人口と多民族社会／自然／農業／鉱工業／ICT産業／交通と観光／農村／巨大都市圏／他

6. ブ ラ ジ ル

丸山浩明編著
B5判 160頁 定価(本体3400円+税)(16926-3)

ブラジル地誌学のテキスト。アマゾン,サンバ,コーヒー,サッカーだけでなくブラジルを広く深く理解する。〔内容〕総論／自然／都市／多民族社会／宗教／音楽／アグロビジネス／観光／日本移民／日本の中のブラジル社会／サッカー

7. 東南アジア・オセアニア

菊地俊夫・小田宏信編
B5判 180頁 定価(本体3400円+税)(16927-0)

東南アジア・オセアニア地域の地誌学のテキスト。自然・生活・文化などから両地域を比較しつつ,その特色を追求する。〔内容〕自然環境／歴史・文化の異質性と共通性／資源／伝統文化／グローバル化と経済活動／都市の拡大／比較地誌

8. ア フ リ カ

島田周平・上田 元編
B5判 176頁 定価(本体3400円+税)(16928-7)

アフリカ地誌学のテキスト。〔内容〕自然的多様性・民族的多様性／気候・植生／生業と環境利用(焼畑・牧畜・ブドウ栽培)／都市と農村／都市環境問題／地域紛争／グローバル化とフォーマル経済／開発援助・協力／大衆文化／日本との関係

9. ロ シ ア

加賀美雅弘 編
B5判 184頁 定価(本体3400円+税)(16929-4)

ロシア地誌学のテキスト。自然・産業・文化などから全体像をとらえ,日本や東アジア,世界との関係性を解説する。〔内容〕総論／国土と自然／開発と資源／農業／工業／社会経済／都市／伝統文化／民族と地域文化／日本・世界との関係

10. 中部アメリカ

石井久生・浦部浩之 編
B5判 176頁 定価(本体3400円+税)(16930-0)

中部アメリカ地域の地誌学のテキスト。自然と災害・民族・産業などを概観し,欧米・世界との関係を解説する。〔内容〕地域概念・区分／自然と災害／民族と文化／農業／経済・都市／人と富の移動／貧困と格差／地政学／ツーリズム／他

地誌トピックス 〈全3巻・完結〉
3つの視角からアプローチ

1. グローバリゼーション —縮小する世界—
矢ケ﨑典隆・山下清海・加賀美雅弘 編
B5判 152頁 定価(本体3200円+税)(16881-5)

交通機関，インターネット等の発展とともに世界との距離は小さくなっている。第1巻はグローバリゼーションをテーマに課題を読み解く。文化の伝播と越境する人，企業，風土病，アグリビジネスやスポーツ文化を題材に知見を養う。

2. ローカリゼーション —地域へのこだわり—
矢ケ﨑典隆・菊地俊夫・丸山浩明 編
B5判 160頁 定価(本体3200円+税)(16882-2)

各地域が独自の地理的・文化的・経済的背景を，また同時に，地域特有の課題を持つ。第2巻はローカリゼーションをテーマに課題を読み解く。都市農業，ルーマニアの山村の持続的発展，アフリカの自給生活を営む人々などを題材に知見を養う。

3. サステイナビリティ —地球と人類の課題—
矢ケ﨑典隆・森島 済・横山 智 編
B5判 152頁 定価(本体3200円+税)(16883-9)

地理学基礎シリーズ，世界地誌シリーズに続く，初級から中級向けの地理学シリーズ。第3巻はサステイナビリティをテーマに課題を読み解く。地球温暖化，環境，水資源，食料，民族と文化，格差と貧困，人口などの問題に対する知見を養う。

世界地誌シリーズ 〈全3巻・完結〉
観光立国のこれからのために

1. 観光経営学
岡本伸之編著
A5判 208頁 定価(本体2800円+税)(16647-7)

観光関連サービスの経営を解説する教科書。観光産業の経営人材養成に役立つ。〔内容〕観光政策／まちづくり／観光行動と市場／ITと観光／交通，旅行，宿泊，外食産業／投資，集客／人的資源管理／接遇と顧客満足／ポストモダンと観光

2. 自然ツーリズム学
菊地俊夫・有馬貴之編著
A5判 184頁 定価(本体2800円+税)(16648-4)

多彩な要素からなる自然ツーリズムを様々な視点から解説する教科書。〔内容〕基礎編：地理学，生態学，環境学，情報学／実践編：エコツーリズム，ルーラルツーリズム，自然遺産，都市の緑地空間／応用編：環境保全，自然災害，地域計画

3. 文化ツーリズム学
菊地俊夫・松村公明編
A5判 196頁 定価(本体2800円+税)(16649-1)

地域における文化資源の保全と適正利用の観点から，文化ツーリズムを体系的に解説。〔内容〕文化ツーリズムとは／文化ツーリズム学と諸領域（地理学・社会学・建築・都市計画等）／様々な観光（ヘリテージツーリズム，聖地巡礼等）／他

図説 日本の湿地 —人と自然と多様な水辺—
日本湿地学会 監修
B5判 228頁 定価(本体5000円+税)(18052-7)

日本全国の湿地を対象に，その現状や特徴，魅力，豊かさ，抱える課題等を写真や図とともにビジュアルに見開き形式で紹介。〔内容〕湿地と人々の暮らし／湿地の動植物／湿地の分類と機能／湿地を取り巻く環境の変化／湿地を守る仕組み・制度

図説 日本の湖
森 和紀・佐藤芳徳 著
B5判 176頁 定価(本体4300円+税)(16066-6)

日本の湖沼を科学的視点からわかりやすく紹介。〔内容〕I. 湖の科学（流域水循環，水収支など）／II. 日本の湖沼環境（サロマ湖から上飯島湖沼群まで，全国40の湖・湖沼群を湖盆図や地勢図，写真，水温水質図と共に紹介）／付表

図説 日本の海岸
柴山知也・茅根 創編
B5判 160頁 定価(本体4000円+税)(16065-9)

日本全国の海岸50あまりを厳選しオールカラーで解説。〔内容〕日高・胆振海岸／三陸海岸／高田海岸／新潟海岸／夏井・四倉／三番瀬／東京湾／三保ノ松原／気比の松原／大阪府／天橋立／森海岸／鳥取海岸／有明海／指宿海岸／サンゴ礁／他

世界地名大事典 〈全9巻完結〉

地名を通して世界を読む・世界を知る

竹内啓一●総編集　熊谷圭知／山本健兒●編集幹事

A4変型判　各巻900〜1400頁

本事典の特色

① 日本を除く世界の地名約48000を選定し，大地域別に五十音順に配列して解説。
② 自然，地理，歴史，政治，経済，文化等幅広い分野を網羅した読み応えのある記述。
③ 情報データ欄（人口・面積等）と別称欄を設けた，ひと目でわかりやすい構成。
④ 国および主要地域の地図，特色ある景観をもつ地名の写真を数多く収録。
⑤ 学校教育の参考書，各企業・官公庁の資料，各種図書館の必備書。

▶ページ見本はこちらから

全巻構成

1. アジア・オセアニア・極 I　（16891-4）
   定価（本体43000円＋税）　　最新刊
2. アジア・オセアニア・極 II　（16892-1）
   定価（本体43000円＋税）　　最新刊
3. 中東・アフリカ　（16893-8）
   定価（本体32000円＋税）
4. ヨーロッパ・ロシア I　（16894-5）
   定価（本体43000円＋税）
5. ヨーロッパ・ロシア II　（16895-2）
   定価（本体43000円＋税）
6. ヨーロッパ・ロシア III　（16896-9）
   定価（本体43000円＋税）
7. 北アメリカ I　（16897-6）
   定価（本体32000円＋税）
8. 北アメリカ II　（16898-9）
   定価（本体32000円＋税）
9. 中南アメリカ　（16899-0）
   定価（本体48000円＋税）

ISBN は 978-4-254- を省略

（表示価格は2018年3月現在）

朝倉書店
〒162-8707　東京都新宿区新小川町6-29
電話　直通（03）3260-7631　FAX（03）3260-0180
http://www.asakura.co.jp　eigyo@asakura.co.jp

●1 蓋井島（2万5000分の1地形図「蓋井島」2006年更新，×0.67）

●2 下関市・吉見港に停泊中の蓋井丸

●3 エミューの成鳥

●4 エミューの卵（緑色で約600 gある）

●5 蓋井集落と漁船

38．蓋井島

IV 日本海西部・九州北部

39 対馬 ── インバウンドで賑わう国境の島
(長崎県対馬市)

　対馬は九州と朝鮮半島に挟まれた日本海上に位置し，対馬島と107の小さな島からなる(●1).対馬島は東西18 km，南北82 kmの細長い島で，島の周囲にはリアス式海岸が発達しており，海岸線の総延長は833 kmにも及ぶ．島中央部の浅茅湾と東岸の三浦湾とを結ぶ万関瀬戸付近は，2つの湾に挟まれた陸地の幅が約500 mしかない．浅茅湾は風が強い日でも波が静かなため，真珠やブリなどの養殖が盛んで，釣りやシーカヤックを楽しむ人も多く訪れる．

　対馬島は9割近くが山地で，集落の多くは湾奥のわずかな平坦地にある．国の天然記念物であるツシマヤマネコをはじめ，ツシマテン，アキマドホタルなど日本本土に生息しない固有の動物が生息する．また，鰐浦にあるヒトツバタゴ自生地も，国の天然記念物となっている．

　かつては厳原町(●2)，美津島町，豊玉町，峰町，上県町，上対馬町の6町に分かれていたが，2004年3月1日に合併して対馬市が誕生した．対馬市の人口は1960年には6万9,556人を数えたが，1990年には4万6,064人，2010年には3万4,407人となり，50年間でほぼ半減した．また，65歳以上人口の割合は1960年には5.5%(長崎県平均5.7%)，1990年には14.6%(県平均14.7%)であったが，2010年には29.5%となり，県平均の26.0%を上回った(●3).

　対馬は長崎県でありながら県本土との結びつきは弱く，実質的には福岡経済圏に属している．対馬と本土とを結ぶジェットフォイルやフェリーも博多港発着となっている．対馬─福岡間の航空路線はANAウイングスが126人乗りのジェット機3往復，74人乗りプロペラ機1往復，計4往復を運航している．一方，対馬─長崎間の航空路線にはオリエンタルエアブリッジ(ORC)が39人乗りプロペラ機を5往復運航しており，これが長崎県本土に直行できる唯一の交通手段である．

　対馬北端から韓国・釜山市までは49 kmしかなく，日本で最も隣国に近い「国境の島」である(●4).このため，古くから大陸との文化・経済的な交流の窓口となっていた．江戸幕府と李氏朝鮮が友好関係を結んでいた江戸時代には，朝鮮通信使の通り道となり，貿易の拠点として繁栄した．しかし，第二次世界大戦後は日韓間の領土・領海問題や密航などを巡り緊張状態が続いた．1980年代に入ると，「厳原港まつり」(現「対馬アリラン祭」)の李朝通信使行列に釜山広域市の舞踊団が参加したり，対馬島と釜山広域市影島区との間で姉妹島の縁組みが締結されたりするなど，韓国との交流がようやく活発化してきた．

　1989年には上対馬町などが出資する第三セクターの対馬国際ライン株式会社が設立され，小型旅客船「あおしお」が比田勝─釜山間に不定期で就航した．1993年には厳原─馬山に初の定期国際航路が開設されたものの，年内に休止された．その後，博多─釜山で運航しているJR九州高速船のジェットフォイル「ビートル」が団体需要に応じて厳原または比田勝港に臨時寄港していたが，韓国の経済危機もあって定期航路再開の動きが途絶えた．しかし，1997年12月に厳原港国際ターミナルが完成したことで再開への機運が高まった．1999年7月には大亜高速海運の高速船「シーフラワー」が厳原─釜山に不定期で就航

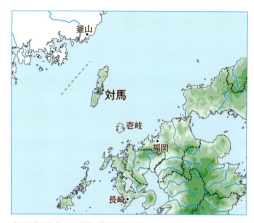

● 1 対馬 （50万分の1地方図(7)「九州」2007年修正，原寸）

● 2 厳原 （5万分の1地形図「厳原」2003年要部修正，×0.9）

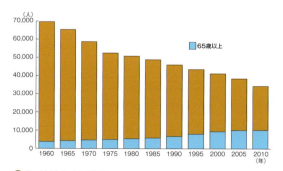

● 3 対馬の人口推移

● 4 島の北端にある釜山が見える韓国展望所

Ⅳ 日本海西部・九州北部

39. 対馬　91

し，2000年4月からは定期運航となった．また2002年8月には大亜高速海運資本の「対馬大亜ホテル」も開業した．

航路による韓国人入国者数（比田勝・厳原両港の合計）は1997年には2,017人にすぎなかったが，定期運航開始後は増加の一途をたどり，2008年には7万2,897人に達した（●5）．入国者数の増加に伴って，高速船の大型化や増便も繰り返された．2009年の韓国人入国者数は，前年のリーマン・ショックに端を発する世界的不況や円高の影響により，前年比37.3％減の4万5,018人まで落ち込んだ．2010年は回復傾向をみせたものの，2011年には東日本大震災の影響で高速船が3～6月の間運休したことから，再び4万人台に減少した．しかし，同年10月には「ビートル」，12月には未来高速の「コビー」が相次いで対馬−釜山の定期航路に参入した．2012年には大亜高速海運も高速船をさらに大型化して対抗した．この結果，韓国人入国者数は2012年には14万9,755人，2013年には18万1,048人と激増した．2014年は4月に韓国国内で発生したセウォル号転覆事故の影響で一時的に旅客が減少したものの，航路による韓国人入国者数は過去最高の19万4,677人に達した．近年ではビザ延長を目的として釜山から最寄りの比田勝港に日帰りする韓国人以外の外国人も増加しており，これらを合わせた2014年の外国人入国者数は19万6,862人となった．

韓国人によるインバウンドは，財政悪化に苦しむ対馬にとって重要な経済基盤となりつつあり，市の試算では2012年に39.8億円の経済効果があったとされている．一方，インバウンドはさまざまな軋轢や対立も生みだした．観光客のマナーの悪さが問題視され，一部のマスコミが領土問題と絡めて全国ニュースで大々的に報じた．しかし，軋轢や対立の多くは両国の文化的・社会的慣習の違いによるもので，異文化の相互理解が進むにつれ沈静化してきた．

インバウンドによる経済効果には島内での地域差がみられた．高速船の就航当初は，韓国人を受け入れる宿泊施設が多い旧厳原町中心部（●6）や，100円ショップ，大型スーパーなどが立地する旧美津島町に消費行動の大部分が集中していた（●7）．比田勝港に高速船が到着しても，すぐに島の南部に観光バスで移動してしまい，島の北部は経済効果をあまり享受できなかった．

一方，2011年の「ビートル」，「コビー」就航後は，乗船時間が短い釜山−比田勝航路の便数が増え，客層も団体客中心から個人客や小グループ中心に移行してきた．とりわけ免税品の購入を目的とした日帰り客が増加した．日帰り客は午前便で比田勝に着き，港近くに立地した免税店で買い物をし，周辺の飲食店で食事をして午後便で帰途につくケースが多い．比田勝便を利用する日帰り客の増加は，これまで韓国人観光客に大きく依存してきた旧厳原・美津島町の宿泊施設や飲食店，小売業者らにとって好ましい状況とはいえない．また，宿泊客の減少は，島全体への経済効果の縮小にも結びつく恐れがある．

対馬を1年間に訪れる韓国人は，市の人口の約6倍に達しており，対馬の経済は今後もインバウンドに大きく依存せざるをえない．一方，依存が強まることで，島の経済が韓国の経済動向に左右される危険性もあり，インバウンドに頼らない地域再生の手法も模索する必要がある．

こうしたなかで，生物多様性の保全，地域の魅力創出，イベント運営などに関する専門知識や経験をもつ若者を募り，それらの定住を促すことで，人口の「量」より「質」を高めようとする動きが出てきた．2013年からは「総務省域学連携地域活力創出モデル実証事業」でインターンシップ学生や学術研究を行う大学院生らを受け入れ，これらの学生・大学院生らが住民とともに地域再生活動に従事している（●8）．学生・大学院生らの指導者は島外から移住した若手の生態学者や環境コンサルタントらであり，「若い力」がさらに「若い力」を育てながら地域活性化に取り組む仕組みが根づきつつある．　　　　　　　　［助重雄久］

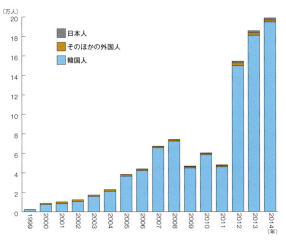

●5 国際航路による入国者数の推移

●6 厳原市街地の免税店

●7 旧美津島町の家電量販店と100円ショップ

●8 住民と若者が集うカラオケ大会

39. 対馬

40 壱岐島(いきのしま)——古の大陸交流拠点「一支国(いきこく)」の再浮揚策
（長崎県壱岐市）

　九州の北部，玄界灘(げんかいなだ)に浮かぶ壱岐島は，本島と23の属島からなる(●1)．古く『魏志倭人伝(ぎしわじんでん)』では「一大国」と記され，縄文以来の遺跡群が出土する．なお，「一大国」が「一支国」の誤記であるかは確定していないが，現地では博物館の名称でわかるように，「一支国(いきこく)」が一般に使用される．

　2004年（平成16）に郷ノ浦，勝本，芦辺(あしべ)，石田の4町が合併して壱岐市となった．その面積が134.6 km²，人口は2万6,750人（2015年）であるが，過去5年間での人口増減率が－7.7％となり，65歳以上の高齢者割合が35.4％と高く，過疎・高齢化の進行が著しい．島のおもな産業をみると，観光消費額が77.1億円，麦焼酎などの製造業出荷額が74.1億円，漁業・養殖業生産額が56.8億円（うち，マグロなど魚類漁業51.7％，イカ類漁業41.5％），農業生産額が48.5億円（うち，肉用牛65.8％，米13.2％）となっている．

　島全域が壱岐対馬国定公園に指定されており，変化に富んだ海岸景観や(●2)，大陸交流の中継点としての歴史に裏打ちされた特徴的な人文景観がみられる．壱岐島は，「なべぶた島」と称されるようにきわめて低平な島である(●4)．その地形は大別して地上に噴出した低温の溶岩が固化した玄武岩台地と火山性砕屑物の小丘，台地間を小河川が開析し土砂を堆積してできた沖積平野からなる．

　そのなかで台地と平野の接点に家屋が点在する特徴的な人文景観として「触(ふれ)」と呼ばれる散居農村景観がみられる．小字としての触地名は，地形図中で100を数える．島の人口は，大幅に減少しているが，世帯数は過去5年間で－1.4％の減少にとどまり，老朽化が進行する古民家に隣接して次世代の新居が建設されることで，伝統的な散居景観が次第に失われつつある．

　島の基幹産業であり特産品ともなっている焼酎は，現在製造業者が島内に7社ある(●3)．壱岐焼酎は，古く大陸からもたらされた蒸留酒の製法を起源に持ち，一次仕込みの米麹(こうじ)に二次仕込みで大麦を加えてできた醪(もろみ)を熟成させた後，蒸留する本格焼酎である．製造量の推移をみると，1990年（平成2）を底に漸増，2000～2005年頃の全国的な焼酎ブームに乗るかたちでの増加後，現在は漸減状況にある．ただし，島外出荷の伸びに比べて島内消費量は1985年のピークから－56％の大幅な減少となっている．市では，「壱岐焼酎による乾杯条例」を制定するなどして消費の拡大に努めている．また，壱岐焼酎は1995年にWTO（世界貿易機関）の地理的表示の産地指定を受け，その認知度向上の一翼を担っている．

　漁業生産も1990年の1万8,177トンの漁獲量をピークに減少を続け，2015年には6,690トンとなっている．島内一円に光ファイバー網を張り巡らすなど，企業誘致のための条件整備に努めているが，離島ゆえに誘致件数も増加に至っていない．島では，地域おこし協力隊を組織し，活動しているが，そのなかに，岩手県出身の若手女性が，島の東部，芦辺町八幡(やはた)地区で「海女(あま)」さん後継者として修業しながら活動しているのが興味深い．壱岐島は，豊かな自然，歴史や人文的なさまざまな資源を有し，浮揚のきっかけを待つ島なのである．

　　　　　　　　　　　　　　　　［中村周作］

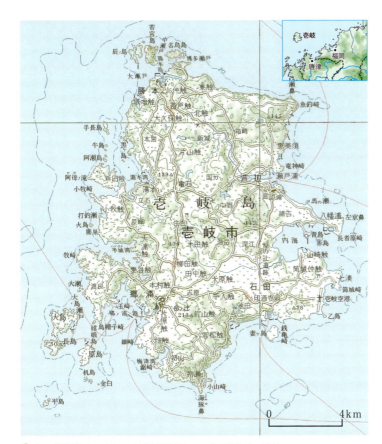

● 1 壱岐島（20万分の1地勢図「唐津」2010年要部修正，原寸）

● 2 奇岩「猿岩」（郷ノ浦町）

● 3 麦焼酎工場

● 4 最高峰「岳の辻」からみた郷ノ浦

Ⅳ 日本海西部・九州北部

40．壱岐島

41 小呂島（福岡県福岡市）——玄界灘に浮かぶ活気あふれた島

　小呂島は，福岡市の中心部から北西方向に約45 km離れた玄界灘の洋上に位置する（●1）．その形は，南北に約1.5 km，東西に約0.5 km，周囲約3.0 kmの細長い紡錘状である．地形的には，ほぼ全島が玄武岩の急斜面で，島の最高点は109.3 mに達する．島の南部は比較的傾斜が緩やかで，そのほとんどが畑地であったが，現在では増加する世帯のための宅地としても利用されている．集落は，この緩斜面を下りきった海岸沿いのわずかな平地にあり，狭い道路を挟んで家々が密集している（●2）．集落の前面が小呂島漁港である（●3）．

　小呂島の人口は192人，世帯数は64である（2015年国勢調査）．島には保育所，小学校，中学校があり，買い物施設としては漁協の購買店がある．小呂島と九州本土とを結んでいるのは福岡市営渡船であり，小呂島と福岡市西区の姪浜渡船場の間を1日1〜2便運航している．

　現在の小呂島の集落が開かれたのは1645年（正保2），当時の福岡藩の政策により，宮浦（現在の福岡市西区大字宮浦）から「五軒家」と呼ばれる5世帯の漁民を移住させたことが始まりであるという．以後，現在に至るまで，漁業が小呂島の主要な経済基盤である．

　住民のうち，成人男性の多くは漁業者である．男性漁業者は，基本的に夏場は，まき網漁業，冬場は，刺網漁業に従事する．まき網漁業は，高齢者を除く島内の男性漁業者全員が共同で参加し，アジやサバなどを漁獲する．夕方に出港し，夜間は魚を求めて網入れ・網あげを繰り返す．明け方までには操業を終え，島に戻ると港で漁の参加者が揃って朝食を囲む．おかずはもちろん，その日獲れた魚である．

　一方，刺網漁業は地元では「個人漁」と呼ばれ，2〜3世帯の男性漁業者がグループとなっておもにカレイやヒラメを漁獲する．この「個人漁」では，漁獲した魚を網から外して出荷用に箱詰めする作業に人手を要する．漁獲した魚の量はもちろんのこと，この作業の良し悪しも収入を左右するため，「個人漁」の時期には，男女・年齢を問わず家族総出で働く．島のなかでのお互いの競争意識もあって，「個人漁」の時期は最も忙しい時期となる．

　成人女性のなかには，夏場に「海女」として潜水漁業に従事し，ウニやアワビ，サザエを漁獲する人々がいるが，その多くは小呂島出身の女性である．近年，島外出身者で小呂島の男性との結婚を機に島に住むようになった女性が増えつつあるが，彼女たちが「海女」になることは稀である．かつては女性が農業に携わり，生産物を島外に出荷して現金を得ることもあったが，現在では「海女」や漁協の職員らがおもな女性の就労の場となっている．

　小呂島は，第二次世界大戦後に世帯数が増加し，現在でも若い世代が多いという特徴をもつ，稀有な島である．基幹産業である漁業の発展に加え，九州本土との間を結ぶ公営の定期船の就航や，海水淡水化施設の整備による給水の安定化，トイレの水洗化といった，生活環境の基盤整備が進められてきたことは，若い世代の定住化を促し，地域活力が維持される一因となったのであろう．

［山内昌和］

● 1 小呂島（2万5000分の1地形図「玄海島」2014年調製，原寸．100万分の1地方図「日本Ⅲ」2010年修正）

● 2 海上からみた小呂島（提供：三木剛志氏）

● 3 小呂島の漁具倉庫（提供：三木剛志氏）

41．小呂島

Ⅳ 日本海西部・九州北部

42 馬渡島(まだらしま)（佐賀県唐津市） —— 私立学校の設立と「牧山」姓の島

　馬渡島は佐賀県唐津市波戸岬の西方7kmに位置し，周囲12.5km，面積4.24km²の島である（●1）．佐賀県の最西端にあたり，松島，加唐島，小川島，神集島，加部島など7島を玄海諸島と呼ぶ．これらの島々のうち馬渡島，松島，加唐島は東松浦郡鎮西町に属していたが，2005年に合併で唐津市に編入された．

　馬渡島の人口は347人（2015年）である．1868年（明治1）の人口は267人であったが，1914年（大正3）に1,040人，1960年（昭和35）には1,544人に増加した．世帯数は，江戸後期の30世帯が幕末に40世帯に増加し，明治期から高度経済成長期の間に200世帯余に達した．その後，人口・世帯数は急激な減少に転じる．集落は，海岸の仏教集落（本村の宮の本集落）と山のカトリック集落（新村集落）に分かれている．

　馬渡島をとりまく海岸のほとんどで丘陵が断崖をなし，唯一，島の南部の入り江に微小ながら平地がある．この平地と後背の斜面に位置しているのが本村の宮の本集落で，港と生活サービス施設が所在する（●2）．航路は，馬渡島と九州本土（呼子・名護屋）が1日3便の定期船でそれぞれ50分・35分で結ばれている．旅客船であるために対岸の名護屋港に自動車を置き，九州本土で所用を済ませる島民も多い．本村に所在する生活サービス施設は，漁協支所郵便局・駐在所，商店と宿泊施設，老人憩いの家などで，小・中学校は山のカトリック集落に向かう坂道に立地する．

　カトリック集落（新村）は，行政的には野中集落と二タ松集落の2つに分かれている．集落が2つに分かれたのは，1960年代前半に人口が増加したことによる．さらに二タ松集落は，カトリック馬渡島教会の信徒組織において二タ松と冬牧の2地区に分かれる（●3．●4）．

　このカトリック集落は，江戸後期の開拓移住によって形成されたものである．草分け島民は，長崎県の西彼杵半島外海地区から移住したカトリック信徒で，姓（いわゆる隠し名）が牧山であったという．現在の新村の世帯の9割は牧山姓という．信徒の移住の経緯は，一部の逃散もあったものの，明治初めに島の台地にあった唐津藩の馬（後に鹿も）の放牧場が払い下げられ，信徒が開墾移住したことによる．

　馬渡島の住民の生産活動に関して，本村の住民が従事してきたのが漁業である．馬渡島の近海はイワシの漁場として知られ，本村に数統の網元がいたという．しかし，昭和30年代に入ると不漁になり，現在，本村の住民の多くは近海での一本釣り漁業に転じている．一方，新村の住民は農業に従事し，畑作でいもなどを生産し，肉牛の飼育や野菜，果実の生産を試みてきた．しかし，農業を断念して漁業に転じ，遠洋漁業に従事している人が多くなっている．

　馬渡島で興味深いのは，250世帯程度の島であったにもかかわらず，戦後直後の1946年に私立の小中学校「海の星学園」がカトリック福岡司教区によって設立されて，山のカトリック集落の全児童が転入したことである．この学校は10年ほどで閉校になり，現在はカトリック系の児童福祉施設が所在する．また，この集落から多くの世帯が，移民としてブラジルに行き，一時期はブラジルに馬渡村ができたほどであった．　［叶堂隆三］

●1 馬渡島（5万分の1地形図「二神島」1989年修正，原寸，100万分の1地方図「日本Ⅲ」2010年修正）

●2 本村の宮の本集落を望む．

●3 馬渡島教会

●4 カトリック教徒の墓地

Ⅳ 日本海西部・九州北部

42．馬渡島　　99

43 黒島 —— 修道院の福祉活動と開拓移住の島
(長崎県佐世保市)

　佐世保市の黒島は，佐世保湾の南西に位置し，面積約 4.7 km², 佐世保市の相浦港から 11 km の距離にある(●1). 西海国立公園を構成する九十九島の 1 つで，島のあちらこちらに亜熱帯性のアコウの木がみられる. とりわけ根谷集落(●2)のアコウの木は樹齢 100 年といわれる巨木であり，本村の黒島神社の一帯には，照葉樹の自然林がみられる.

　黒島の人口は 466 人 (2018 年) で，仏教徒地区の本村や古里と，カトリック地区の根谷，日数，東堂平，名切，田代，蕨の 8 集落が存在する. 1885 年 (明治 18) に平戸島の前津吉村から黒島村として分離独立し，村役場，小学校，郵便局，巡査派出所が設置された. 1954 年 (昭和 29)，黒島村は佐世保市に編入合併された. 黒島港 (本村集落) から高島を経由して佐世保市相浦間を 50 分で結ぶ定期船のフェリーが 1 日 3 往復就航している.

　黒島は，15 世紀以降に平戸藩領に加えられたものの，16 世紀末はほとんど無人島の状況だったといわれる. その後に平戸島から仏教徒が来住し，以後，本村に平戸島の前津吉にある長泉寺の末寺となる興神寺や平戸南端の志々伎神社の分社の黒島神社が建立されたように，平戸島と強い関係が保たれている. 18 世紀末に平戸藩は，黒島の放牧場を廃止する. この牧場跡の自由入植を許可したことで，平戸藩内からの入植が進む. 佐世保市針尾島から古里集落へ，生月島 (一部は潜伏キリシタン) からは，日数集落の郭公地区 (日数地区の小字) というように出身地別に集落が形成された. さらに西彼杵半島の外海地区の潜伏キリ

シタンが開拓移住した. 樫網漁は，長崎市外海地区の樫山集落から移入された漁法である.

　幕末・明治初期の黒島の指導者による潜伏キリシタンのカトリック復帰への情熱・活動は，広く長崎県の北松浦郡に知られるもので，明治期以降，黒島の潜伏キリシタンのすべてはカトリックに復帰した. 平戸島の紐差教会の外国人司祭はこうした状況に対応して名切谷に土地を購入し，早くも明治初期に教会を建設した. その後に教会奉仕と福祉活動を目的とした共同体である黒島愛苦会 (女部屋) が設立される. 現在は，お告げのマリア修道会黒島修道院となり，保育園とデイサービスセンターを運営するなど，黒島の社会福祉サービスの担い手となっている.

　現在の黒島天主堂は，その後の外国人神父の指導と島民の努力によって建設されたもので(●3)，教会近くのカトリック共同墓地では，近年，マリア像なども作られて興味深い. なお天主堂のある名切地区には地区公民館，市役所黒島支所，小中学校が所在する.

　日本の経済成長期，とくに 1965 年以降，黒島とりわけカトリック集落から，多くの挙家離村がみられた. おもな移住先は，佐世保市であるものの，農山村地域への開拓移住が多いのも黒島の特徴である. 古くから同じ北松浦郡内への移住がみられ，そのうち平戸市田平地区は，黒島教会の外国人神父が開拓移住させた地域で，黒島の 3 世帯が草分け世帯である. さらに長崎県大村市や宮崎県への移住もみられ，ブラジルに移住した世帯も数多い. こうした黒島からの開拓移住は，集落を単位とするのが特徴であった.

[叶堂隆三]

● 1 黒島（5万分の1地形図「佐世保南部」2002年修正，原寸．100万分の1地方図「日本Ⅲ」2010年，原寸）

● 2 島の東端，根谷集落

● 3 島の中央，名切集落にある黒島天主堂

43．黒島　●　101

44 平戸島・生月島 ── 豊かな自然に恵まれた大航海時代の城下町
（長崎県平戸市）

　長崎県の北部，北松浦半島の西方約600mに位置する平戸島は，北に玄界灘，西に東シナ海を臨み，九州本土とは平戸大橋によって結ばれている(●1)．古第三紀層を基盤に玄武岩・安山岩質の火山岩からなる丘陵性の地形で構成され，標高200～300mの丘陵地が島の大部分を占める．最高峰の安満岳（514m）は修験道と潜伏キリシタンの聖地として知られる(●2)．

　生月島は平戸島の北西に位置し，生月大橋（1991年完成）で平戸島と結ばれている(●1)．平戸島，生月島は周辺の，的山大島，度島などの島々および対岸の田平町とともに平成の大合併により現在の平戸市を構成している．人口は平戸島が約1万9,000人，生月島で約6,000人（2018年1月現在）であるが，近年は減少傾向にある．

　平戸島東岸は西海国立公園に属し，恵まれた自然環境と豊富な史跡から，観光の島としての性格をもつ．観光業のほか農業・水産業が基幹産業であり，農業ではイチゴ栽培や肉用牛が有名である．平戸牛として知られる黒毛和牛は，繁殖牛・肥育牛合わせて約5,000頭が飼育され，九州一円のみならず，近畿地方や関東地方にも出荷されている(●3)．近海に好漁場をもつことから，沿岸漁業基地としても発展し，イカ，イワシ，タイ，ヒラメなどの水揚げで有名である．アゴ（トビウオ）を用いた水産加工業でも知られるが，近年では，水産資源のブランド化を図り，高級魚ヒラメと地元のエビを「平戸ひらめ」「うちわえび」として売り出している．

　平戸は国土の西端に位置しアジア大陸に近いことから，古代から大陸交流の玄関口として栄えた．1550年（天文19）にポルトガル船が入港すると，戦国時代から江戸時代初期にかけて平戸は日本の海外交流の窓口として繁栄した．この頃，西洋の文物の伝来とともにキリシタンの信仰も広まった．イエズス会の宣教師であるフランシスコ・ザビエルが平戸で布教したのが，日本におけるキリスト教布教の始まりであった(●4)．平戸にはイギリスやオランダの商館が開設され，「西の都フィランド」と称された．1641年（寛永18）オランダ商館が閉鎖されるまでの90年間にわたり，平戸は日本を代表する国際貿易港であった．

　江戸時代には禁教令のもと，キリシタンたちは処刑を含む厳しい弾圧下に置かれたが，潜伏キリシタンとして独自のカトリックの信仰が長く保持されるとともに，禁教令廃止後にはカトリックに復帰した信徒による教会も数多く設立された．禁教令廃止後も生月島や平戸島の一部地区では，カトリックに復帰せず隠れキリシタンとして潜伏期の教えを受け継ぐキリシタンもみられる．2010年には平戸島西岸と生月島を含む地域が，隠れキリシタンの伝統と棚田群などの独特の景観を保持していることから，国の重要文化的景観として選定された．これは2018年に世界文化遺産として登録された「長崎と天草地方の潜伏キリシタン関連遺産」の構成資産の1つとなっている．

　このように平戸島は，日本の社会経済史を語る上で欠かすことのできない重要な島であり，こうした地域の歴史・文化の伝統が豊かな自然と相まって，「大航海時代の城下町」というキャッチコピーのもと，観光資源として活用されている．

［松井圭介］

●1 平戸島・生月島（50万分の1地形図(7)「九州」2007年修正，原寸．100万分の1地方図「日本Ⅲ」2010年修正，原寸）

●2 安満岳

●3 生月島で飼育される黒毛和牛

●4 平戸ザビエル記念教会の天主堂

日本海西部・九州北部

45 五島列島 —— 祈りの島のキリシタン観光
（長崎県五島市・佐世保市・新上五島町・小値賀町）

五島列島は九州の最西端，長崎県西彼杵半島の沖合約50〜100kmに位置する．南から福江島，久賀島，奈留島，若松島，中通島と並び，この5つの島をもって五島と称し，18の有人島と120余りの無人島から構成される．中通島の北に浮かぶ小値賀島や宇久島などの島々も自然地理的には五島列島に含まれる（●1）．

五島列島は大きく，南西に位置する福江島を中心とする下五島と，北東の中通島を中心とする上五島に分けられる．全般に山がちで複雑な地形をなし，多くの溺れ谷が形成された沈降性の火山列島から成り立ち，リアス式海岸が発達している．気候は，東シナ海を流れる対馬海流の影響を受けて，年平均気温16.8℃（福江）と比較的温暖であるが，台風の通り道にあたるため年間降水量は2,300mmを超える．

五島列島では近世期より捕鯨が盛んであり，長年にわたり島の主要産業は水産業であった．近海は好漁場として知られ，サバやアジ，イカなどの沿岸漁業やマグロの養殖業が盛んであったが，近年では漁家の高齢化が進み，島の経済に占める水産業の地位は低下している．また地味はやせ，地形は急峻で平地も少ないため，農業を行うための土地条件にも恵まれておらず，島内にはほかに目立った産業もないため，高校を卒業すると多くの若者は島外に流出してしまう．過疎化・少子高齢化に苦しむ地域でもある．

九州本土の最西端という国土の縁辺部に位置する五島列島であるが，まさにその地理的な位置により，日本の歴史上重要な意義をもつ島々でもあった．特に中国との交流では，日本の最前線にあり，空海をはじめとする遣唐使は福江島から中国大陸へと困難な海路を進んだ．五島列島はまた，近世期には潜伏キリシタンにとって有力な潜伏地であった．五島にキリシタンが伝わったのは1566年（永禄9）に領主・宇久純定の病気治療のため，アルメイダとロレンソの2人の修道士が招かれたことによる．1570年代にはキリシタンの信仰が広まり，福江島にある福江，奥浦，六方などの集落に教会が設立され，当時すでに2,000人の信者がいたという．しかしその後は厳しく弾圧され，1620年代にかけて多くの殉教者を出し，五島のキリシタンは衰微した．

五島のキリシタンが再び歴史の舞台となるのは，大村藩領の外海地方（現在の西彼杵半島）からキリシタンが五島へ移住を開始した1797年（寛政9）以降のことである．大村藩のキリシタン弾圧の厳しさと，人口減少に悩む五島藩からの移住申し入れにより，外海地方のキリシタンは，進んで五島列島内の各島に移住を開始した．合計で3,000人ものキリシタンが移住したという．●2は，奈留島における海岸線の風景である．写真右下部に丸石が平積みされているのが見える．これは外海地方から移住してきたキリシタンの居住地跡である．海岸沿いには平地はなく，山中のわずかな平地を切り拓き，生業を営んでいたことがうかがえる．キリシタンたちの多くはこのような，耕地もない山間地や漁に不便な海浜といった先住島民の未利用地に散在して居住することを余儀なくされ，貧困や信仰に起因する社会的差別も大きかったという．

外海地方の俗謡で「五島へ，五島へ，皆行きた

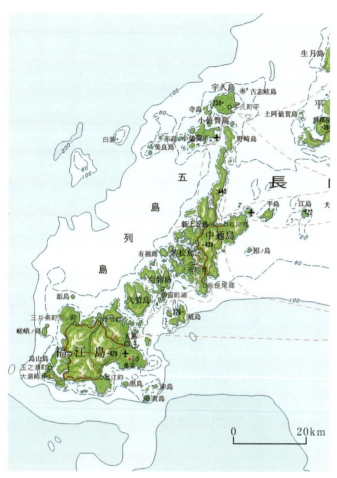

● 1 五島列島（100万分の1地方図「日本Ⅲ」2010年修正，原寸）

● 2 潜伏キリシタンの住居跡（奈留島）

45．五島列島

日本海西部・九州北部

がる．五島はやさしや土地までも」とうたわれたが，現実には移住先でもキリシタンは厳しく監視された．禁教が解かれ信仰の自由をようやく勝ちえたのは明治中期から大正期以降であり，それ以後島内に教会堂が建てられていった．

現在，五島列島には50ものカトリック教会堂がみられるが，これらの教会堂の多くは，禁教期に潜伏していたキリシタンたちが，明治期以降にカトリックに改宗し，信仰の証として集落内に建立していったものである．●3は，中通島の東端（●1の地図中で空港の記号のある島，現在は休港中）洋上に浮かぶ頭ヶ島の教会である．無人島であったこの島に幕末期に移住したキリシタンたちが自ら石材を積み上げて建設した天主堂で，国の重要文化財に指定されている．上五島地区では住民の約4分の1はカトリック信徒であり，29の教会堂が現存している．

新五島町では，「長崎の教会群とキリスト教関連遺産」が2007年1月に日本の世界文化遺産暫定登録リスト入りしたことを受けて，「明日の世界遺産に出会う島・上五島」をテーマ・コンセプトとする観光振興ビジョンを策定し，長崎大司教認定のオフィシャルガイドつき巡礼ツアーの開発や海からみる教会クルージングツアー，聖歌体験など教会内での体験プログラムの開発，チャーチコンサートやクリスマスイルミネーションといったイベント開催などを骨子とする事業イメージが打ち出された．

五島列島のように，Iターン・Uターン者がなかなか見込めない島々において，観光振興による交流人口の増加は，集落維持を図るうえで重要な方策となっている．公共事業投資の縮小や超高齢化の進展，脆弱な産業基盤といった離島をとりまく厳しい社会・経済的条件のもと，教会群は，五島列島にとって観光の最重要コンテンツとなっている．カトリック教会堂や潜伏キリシタン時代の殉教地など，島固有の宗教的文化資源を生かした観光への取り組みが，精力的に進められている．なかでも人口規模が小さく，島内の産業基盤が脆

弱な上五島地区や下五島の奈留島，久賀島などの二次離島では，こうしたキリシタン観光への期待も大きい．

「長崎の教会群とキリスト教関連遺産」は，構成資産とストーリーの見直しをはかり，2018年6月，「長崎と天草地方の潜伏キリシタン関連遺産」として世界文化遺産に登録された．12構成資産のうち，4資産が五島列島に分布している．五島を対象とした観光ツアーでは，教会や潜伏期キリシタン関連の歴史的・文化的資産を中心に，椿油や五島うどんなど五島の名産品を組み合わせて，中高年層による比較的少人数のグループをターゲットとした観光戦略を展開している．そこでは，島内に点在する教会やキリシタン関連史跡をクルーズとタクシーでつなぐ旅が設計されている．●4の写真は上五島の若松島にあるキリシタン洞窟の様子である．五島崩れ（明治初頭に起きた五島におけるキリシタン弾圧）時に迫害を避けた信徒が，陸路からは接近することのできない，断崖の洞窟に身をひそめたが，たき火の煙を監視船にみつけられ，キリシタンたちは捕縛され，拷問を受けた歴史がある．

世界文化遺産に登録された久賀島の集落では，旧五輪教会や，五島崩れの際に厳しい迫害を受け，多くの殉教者を出した「牢屋の窄」などをツアー客はめぐる．ツアーには原則として地元のガイドが同行し，観光客に対して潜伏期におけるキリシタンの歴史や殉教の悲劇を語る（●5）．ガイドは多くの場合潜伏キリシタンの末裔であり，彼（女）がツアーガイドを務めることにより，キリシタン観光における体験の真正性が強化されているといえよう．

五島列島のキリシタン観光は，教養・学習型を主とするテーマ型観光の一環である．団塊世代をターゲットとした少人数でガイドつきのツアーであり，価格設定も比較的高額である．一方で祈りの場である教会が観光客によって荒らされかねないジレンマも抱えていることを忘れてはならない．

[松井圭介]

●3 頭ケ島教会（新上五島町）

●4 キリシタン洞窟（若松島）

●5 「牢屋の窄」殉教記念聖堂でのツアー参加者（久賀島）

45．五島列島　　107

46 箕島 ── 海上空港の土台になった島
（長崎県大村市）

箕島は，かつて長崎県の大村湾にあり，ひょうたんの形をした農業の盛んな島であった（●1）．今は島らしきものはないが，長崎空港の住所「大村市箕島町」と，空港に架かる橋「箕島大橋」にその名残をとどめている．この長崎空港は，1975年（昭和50）5月に世界で最初の本格的な海上空港として開港したが，その土台となったのが箕島である（●2）．

ただ，大村に空港ができたのはもっと早い時期で，大村扇状地の扇端の海のそばに，茨城県の霞ヶ浦飛行場に続き，2番目の海軍航空隊の飛行場として，1923年（大正12）に大村飛行場が開設された．第二次世界大戦後は自衛隊が管理していたが，1955年（昭和30），自衛隊機との共用の民間空港「大村空港」として発足した．だが，滑走路が1,200mと短いためジェット化には対応できず，長崎県が新空港用地を検討した結果，1969年（昭和44），大村市街地の西2kmの海上の島，箕島が有力となった．

箕島は，江戸時代より農業の島として知られ，『大村郷村記』には人家15軒，畑28町，特産としてミカン，スイカ，大根と記されている．明治に入り，農地を拡大するとともに大根を増産し漬物に加工，「箕島大根」として佐世保の海軍などにも納入するなど販売は拡大した．第二次世界大戦後は，大根や漬物の需要は減少したものの生産は続けられ，また，ミカンやスイカの栽培も盛んであった．

1958年の世帯数は17，人口130人で最も多かったが，その後，減少し，1963年には世帯数15，人口100人となっている．人家の多くは島の北，北島の東海岸沿いに集まり，北島には畑も多かった．同年の島の耕地は，水田はなく畑が37町で，そのうち島民の所有が16町，残りの21町は近世末に領主から与えられたという大村市街地の久原（前船津）や杭出津（新城）地区の人々の所有であった．当時，この地区の人々は，本土側からおよそ3kmの海を渡り耕作を続けていた．逆に大村側に水田をもっていた箕島の島民もいた．

1970年（昭和45），長崎県が島民との間で用地交渉を開始し，空港用地として島の測量を行い，最終的な合意をみたのは翌1971年11月であった．造成工事はすぐに着工され，箕島の北の山（42m）と南の山（97m）を切り崩し，その土砂で島の東側の海を埋め立てた．1972年（昭和47）3月には箕島島民の解散式が行われ，13世帯66人が本土側に移住した．同時に1905年（明治38）に開校の大村市立大村小学校箕島分校（児童数6名）も，その長い歴史に終止符が打たれた．

1974年（昭和49）9月，空港と大村市街地との間に長さ970mの箕島大橋が完成し（●4），翌1975年5月1日，長崎空港が開港した（●3）．1年後の1976年の旅客数は92万人と，大村空港時代最後の年（1974年）の45万人の2倍となった．現在は，3,000mの滑走路をもつ空港として，年間300万人の旅客数があり，国内10路線，国際線は上海とソウルを結んでいる．海上空港にもかかわらず，安定した気象条件で就航率は100%に近い．島を土台として誕生した空港は，「現代の出島」になったのである． ［平岡昭利］

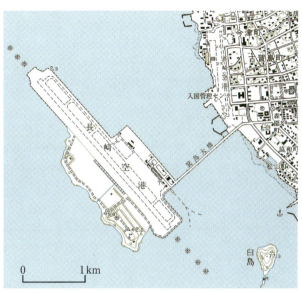

● 1 箕島と大村飛行場 (5万分の1地形図「大村」1924年修正, ×0.72)

● 2 長崎空港 (5万分の1地形図「大村」2001年修正, ×0.85)

● 3 長崎空港と大村市街地 (提供:大村市)

● 4 箕島大橋 (左が長崎空港, 後方が大村市街地)

46. 箕島

47 端島（長崎県長崎市）── 近代化を支えた炭鉱の島（軍艦島），その光と影

　端島，通称「軍艦島」は，長崎半島から西約4 kmの沖合に浮かぶ半人工島である（●1）．大きさは東西約160 m，南北約480 m，周囲約1.2 kmしかない．このわずか0.065 km²ほどの小島は，かつて石炭採掘で栄え，最盛期には年間40万トン以上の石炭を産出し，1960年前後には人口が5,000人を超えた（●3）．

　端島の石炭採掘の歴史は1810年（文化7）に遡るといわれるが，本格的な操業が始まったのは三菱に買収された1890年（明治23）以降である．もともと端島は大小の岩礁の集まりにすぎなかったが，炭鉱開発の進行に伴い，周囲を埋め立て拡張された（●2）．良質の強粘結炭を産出し，八幡製鉄所などに供給された．坑道は地下1,000 m以上，海底鉱区の範囲は島の東側を中心に数km²におよんだ．第二次世界大戦後も，産業復興を目的とした石炭増産政策の後押しもあり三菱の主力鉱として栄えた．

　端島は三菱という大企業が石炭採掘を目的に開発した，いわば海上の鉱山都市である．その特徴は，狭小な島に竪坑櫓や捲座，選炭，貯炭，換気，修理工場，変電所，事務所などの炭鉱関連施設区と，職員や鉱員とその家族が暮らす高層集合住宅（社宅）などが集まる居住区から構成される高密度で立体的な空間・景観にある（●4）．これらの施設や建物が海上に林立する様が軍艦のようにみえたことから，「軍艦島」と呼ばれるようになった．

　居住区には，1916年（大正5）に建てられた日本最初の鉄筋コンクリートによる7階建ての30号社宅など高層アパート群が密集し，そのなかには役場支所（当初は旧高浜村，1955年以降は旧高島町）や学校（小学校は1893年に三菱の社立として開校，1921年公立移管），病院（社営端島砿病院），派出所，郵便局などの公共施設，食料・日用品を購入するための端島購買会や生協をはじめ，電器や書籍，酒類を扱う個人商店や理髪店，飲食店，共同浴場，さらに映画館やパチンコ店，ビリヤード場などの娯楽施設まで立地し，島での生活を維持するためのさまざまな施設，店舗が置かれていた．このほか，寺社（泉福寺，端島神社）も建立され，炭鉱の安全が祈願された．

　インフラの整備も重要であり，1902年（明治35）には発電所が，その後1918年（大正7）に隣接する高島から送電用の海底ケーブルが設置された．水の確保も課題であったが，1957年（昭和32）には給水船に代わって，対岸の旧三和町から日本初の海底水道（約6.5 km）が敷かれた．

　以上のように，戦前戦後を通して「石炭の島」として隆盛を誇った端島であったが，エネルギー革命による石炭需要の減少には抗えず，ついに1974年に閉山，無人島と化した．ところが，2009年にユネスコの世界遺産暫定リストに追加掲載されたことから注目を集め，多くの観光客が訪れるようになった．2015年には「明治日本の産業革命遺産」として正式に登録され（●5），同年度の上陸者数は28万人を超えた．

　ただし，その一方で，端島はほかの炭鉱と同様，朝鮮・中国人の強制労働の歴史ももつ．明治以降の日本の近代化において大きな役割を果たした端島だが，こうした歴史の影も含め，産業遺産としての端島を後世に伝えていく必要があろう．

［藤永　豪］

● 1 端島およびその位置（電子地形図20万「長崎」2017年調製,「野母崎」2017年調製,原寸,および電子地形図25000「端島」2017年調製）

● 2 無人化した端島（建物や施設の老朽化・倒壊が進んでいる）
提供：長崎市

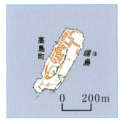

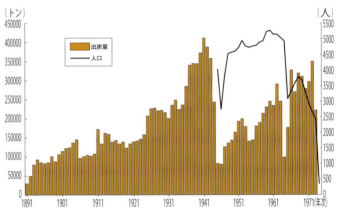

● 3 端島における出炭量と人口の推移（1891〜1974年）

● 4 1958年頃の端島（右が高層集合住宅群，左奥が採炭関連施設）提供：長崎市

● 5 軍艦島見学ツアーの観光客

47. 端島

48 姫島 ―― 人と自然，魅力いっぱい火山群の小島
（大分県姫島村）

大分県の姫島は，行政上では東国東郡姫島村として，平成の大合併を経験しなかった大分県内唯一の村である（●1）．島は，国東半島から約5 km北の瀬戸内海西部に位置し，東西約7 km，南北約4 km，面積は6.98 km²である（●2）．2015年の人口は1,991人であるが，最近20年間で33.6％も減少し，高齢化率も44.8％と高く，過疎・高齢化の島といえる．

島の基幹産業は，昭和30年代半ばまでは漁業と製塩業であったが，1959年（昭和34）に塩田が廃止され，跡地にクルマエビ養殖場が造成された（●3）．クルマエビの養殖は，もともと天然物のクルマエビが豊富な土地柄であり，生育に適していたこともあって，クルマエビの養殖は最盛期の1988年（昭和63）には年間250トンと，1企業として日本一の生産をあげた（●4）．「姫島車えび」は大分県の一村一品運動の代表的な特産品として全国に知られるようになった．

しかし，1994年（平成6）に全国に広がったウイルスによる被害が発生したために大減産を記録し，それに伴い従業員も60名から30名へ減員した．ちなみに，2012年（平成24）には年間115トンとピーク時の2分の1弱へ，生産額では58.7億円とこれもピーク時（1993年）の3分の1となっている（●4）．このほか，漁業では魚種別にキンメ（全水揚げの33.5％），タコ（10.2％），タチウオ（8.3％）などが多い．

姫島のシンボル的行事として，毎年8月14日～17日に催される子どもによる盆踊りのキツネ踊りは有名である．このキツネ踊りは，2009年（平成21）に国土交通省の「島の宝100景」に選ばれ，2012年には国の選択無形民俗文化財に指定された．このほか1999年より「姫島カレイ祭り」が毎年5月に，2000年より「姫島車えび祭り」が毎年10月に開催され，観光客を集めている．さらに，2006年より，総務省「ふるさと財団」助成の地域再生事業として「水産業と観光の島『姫島』の創出」というテーマで，地域おこしに取り組んでいる．

2007年（平成19）に島の西の黒曜石断崖と呼ばれる露天の黒曜石が，国の天然記念物に指定された．これを契機に地質に関心が高まり，2010年より大分県が主催するジオ関係の検討会が始まった．2013年には，「おおいた姫島ジオパーク」として日本ジオパークの指定を受けた．姫島は，小さな島ながら9つの火口や，島の最高峰（266.6 m）の矢筈岳溶岩ドームなどの火山地形があり，海食崖や特徴的な褶曲地層，化石，温泉などジオ資源に事欠かない（●5）．

また，春・秋には渡り蝶のアサギマダラが乱舞する美しい島である．近年，年間観光客数が5万人を割り込む年もあるなど漸減傾向にあるなか，ジオパークの指定を契機にした自然学習的な観光に力を入れつつある．

姫島では，雇用確保のために役場職員の給与や勤務日数を抑制し，その分職員数を増やす独特のワークシェアリングの実施，地域包括医療・ケアシステムづくり，全国初の高齢者福祉センター開設など，島民に優しい施策を長年にわたり取り組んできた．島民にも浸透したこういった「人への優しさ」こそが，観光地としての姫島の実は目玉なのである．

［中村周作］

●1 姫島（5万分の1地形図「姫島」1993年修正，原寸）

●2 海上からみた姫島

●3 達磨山の火口を利用したクルマエビ養殖場

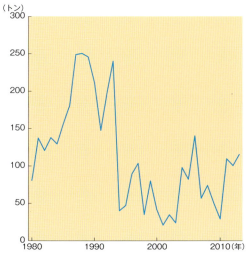

●4 養殖クルマエビの生産量の推移

●5 火山地震による液状化現象の痕跡

48. 姫島　　113

日本海西部・九州北部

49 保戸島(ほとじま)——マグロ延縄(はえなわ)の一大拠点は今
（大分県津久見市）

　大分県津久見市の保戸島（●1）は，津久見港から定期船で25分，四浦半島の北東約100 mに位置する周囲約4 km，面積0.86 km^{2}の島である（●2）．2015年における人口は700人，世帯数は367で，島にはほとんど平地がなく，西岸に沿って斜面に密集した3，4階建て鉄筋コンクリート製の家屋が並んでいる（●3）．その独特な漁港景観が，2006年水産庁による「未来に残したい漁業漁村の歴史文化財産百選」に選定された（●4）．ちなみに，人口は1970年（昭和45）からの45年間で77.6％減少，世帯数もピークの1980年（昭和55）からの35年間で48.1％と減り，極端な過疎高齢化の島となった．

　保戸島では，もともと平地に乏しいこともあって，漁業と，山にまで迫る自給用の段々畑での畑作業がおもな仕事であった．漁業の歴史をみると，明治中頃までは，沿岸漁業が中心であったが，その後，長崎県対馬沖でのフカ（サメ）漁や，小寺藤吉氏に始まるカジキ突き漁業など沖合漁業への広域な展開がみられた．

　カジキ突き漁業は，春先の操業が中心であったため，残りの期間を利用するマグロ延縄(はえなわ)漁が始まり，大正10年代には土佐沖に進出した．マグロ漁は黒潮に乗って移動することで長期間の操業が可能であり，この時期に，従来の帆船に代わって動力船が導入され，移動が容易になったこともマグロ延縄漁への進出の大きな理由となった．1927年（昭和2）当時，8トン型の沖合漁船73隻，乗組員約500人であったが，1933年（昭和8）には，30～40トン型漁船が89隻，乗組員約1,000人に急増した．昭和前期，保戸島のマグロ延縄漁は隆盛期を迎え，太平洋岸各地の港で保戸島漁民の活躍がみられた．その後の太平洋戦争では甚大な被害を被ったが，保戸島の漁業は，戦後著しい復興を遂げた．1950年（昭和25）には南洋海域での操業も開始され，近海での漁獲が減った1965年（昭和40）以降の主力漁場となった．漁獲高は，1980年（昭和55）をピークに減少傾向にあるが，それでもほかの多くの離島と違い，高度経済成長期を通じて人口，特に生産年齢層の流出が少ない活気あふれた漁港であった．港湾も1953年（昭和28）の第4種漁港指定以降，大型漁船が停泊できるよう順次整備が進められてきた．

　このようにして属人統計上の一大遠洋マグロ延縄漁業拠点となった保戸島であるが，その後の推移はグラフのように漁獲量，販売金額ともに減少してきた（●5）．漁獲量のピークは，1980年（昭和55）の2万1,829トン，金額上のピークは1984年（昭和59）の144億余円である．その後は漸減してきたが，特に1999年（平成11）を境に急減した．2013年の漁獲実績をピーク時と比べると，漁獲量では－87.9％，金額では－88.5％と，ともに10分の1近くに激減したことがわかる．

　最盛期には160隻を数えたマグロ延縄漁船は，減船により現在では20隻，就業者が200人余りとなり，若手の就業が少なくなるなど，現在でも揺るぎない基幹産業でありながら，最盛時と比べれば，見る影もなくなりつつある．マグロ延縄漁業を含め，保戸島は新しい方策を模索する転換期にある．

［中村周作］

●2 海上からみた保戸島

●3 山腹に延びる住宅

●1 保戸島（2万5000分の1地形図「保戸島」2005年修正，原寸．50万分の1地方図(7)「九州」2007年修正，原寸）

●4 集落内部の狭い道路

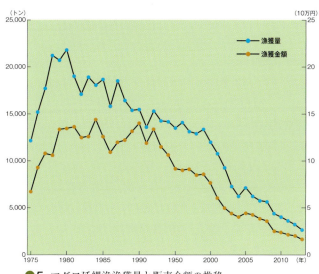

●5 マグロ延縄漁漁獲量と販売金額の推移

49. 保戸島

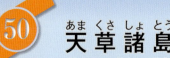

50 天草諸島 —— 多彩なジオポイントの島々
（熊本県上天草市・天草市・苓北町）

　九州の中西部に位置する天草諸島は，熊本県，鹿児島県にまたがる110あまりの島々からなるが，ここでは熊本県域の島々について言及する（●1）．行政上は上天草市，天草市，苓北町に含まれ，面積881.5 km^2，人口が11万7,484人，世帯数が4万6,596（2015年）の島々である．離島のご多聞に漏れず，島は山がちな地形をなし，天草下島の一部を除いて平地に乏しい．そのため，基幹産業は零細な農業や漁業・養殖業のところが多く，人口支持力の弱さから，古くより出稼ぎが多く，人口流出の激しい地域であった．ちなみに，2000年と2010年の就業状況を比較すると，総就業者数は10年間で6万6,678人から5万5,554人へと16.7％減少した．特に基幹産業である農業が−22.2％，漁業が−37.1％と大きく減少している．

　人口流出により児童・生徒数の減少も大きく，学校の統廃合が行われ，多くの学校が廃校になった．天草市では遊休資産等利活用促進条例を制定し，学校や教職員住宅跡地に企業を誘致し，地元の雇用に貢献している．

　天草諸島は，多島海の景観美が評価されて，1956年（昭和31）に雲仙国立公園に編入される形で雲仙天草国立公園に指定された（●2）．その後，1966年（昭和41）に天草五橋が完成し，宇土半島と天草諸島が結ばれて陸続きとなった．橋をつなぐ道路は「天草パールライン」と称され，開通前年の年間観光入込客数は54万人であったが，開通直後315万人，2012年には442万人へと増加している．

　天草諸島には，観光客が期待する美景や美食，さらに既存の観光拠点である水族館や真珠関連などの受け入れ施設，釣り，海水浴場など多くの観光スポットがあり，2009年には「天草御所浦ジオパーク」が日本ジオパークに認定された．天草上島の南の御所浦島は，約1億年前の地層から恐竜やアンモナイトなど，さまざまな化石が出土するいわゆる「恐竜の島」である．さらに，認定の翌年から対象地域を天草のほぼ全域に拡張する「天草ジオパーク」構想がもち上がり，これも2014年に認定された．

　天草ジオパークのテーマは，「1億年の大地と生命の記録 〜恐竜からイルカ，そして『石』の文化が薫る楽園Amakusa〜」であり，ジオポイントとして，①1億年の大地の記録：古い火山岩や堆積岩の地層や奇岩，②豊富で多種多様な化石：御所浦白亜紀資料館展示など，③風光明媚な島の景観，④豊かな生態系：イルカやサンゴ礁など（●4），⑤地下資源と文化・産業：豊富な石材やその加工，天草陶石，炭鉱産業遺跡などがあり，これらの地域資源を観光，教育に活かす取り組みを進めている．

　また，天草下島の河浦町﨑津集落は，「長崎と天草地方の潜伏キリシタン関連遺産」のひとつに組み込まれて，世界文化遺産に登録された．重厚なゴシック様式の建築である﨑津教会を取り巻くような漁業集落，さらには後背農村の今富集落との関係も含めた，当地の宗教にかかわる歴史地理に光が当てられようとしている（●3）．

　このように天草諸島は，新旧の時代を織り交えたさまざまな仕掛けが観光客を待っている，魅惑の島々なのである．

[中村周作]

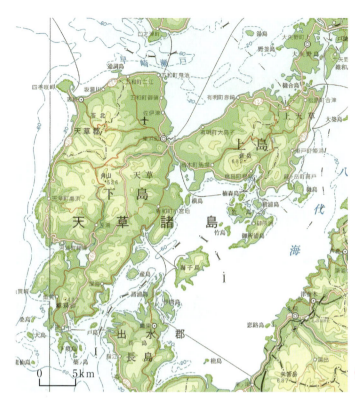

● 1 天草諸島（50万分の1地方図(7)「九州」2007年修正，原寸）

● 2 天草諸島の島々

● 3 﨑津天主堂（天草下島河浦町）

● 4 イルカウォッチング（天草下島北部の早崎瀬戸）

Ⅴ 九州南部・奄美群島

50. 天草諸島　　117

51 島野浦島 —— 漁業・養殖業とツーリズムにかける小さな島
(宮崎県延岡市)

　延岡市島野浦島は，宮崎県の最北東端，大分県南部から続くリアス式海岸地形をなす日豊海岸の南端に位置する周囲15.5 km，面積2.8 km²の小さな島である（●1，2）．美しい島で日豊海岸国定公園に指定されている．島は北浦湾を挟んで，対岸の北浦，熊野江，須美江，浦城各集落と対峙し，最短約1.4 kmの至近距離にある．延岡市浦城港まで約6 km，フェリーで20分，高速船で10分で結ばれる（●3）．2015年の人口は837人，世帯数359の小島ながら，島の少ない宮崎県では人口，面積ともに最大の島である．

　島の基幹産業は，まき網漁業とその漁獲物の加工業，漁獲物を餌とする養殖業である（●4）．最近10年間でみると漁業・養殖業生産額は，およそ年30億円で，19の漁協を抱える宮崎県全生産額の約1割を占める．2013年度でみると，漁業種類では，中央資本の進出が著しい養殖業が66.5％を占め，もともとの基幹漁業であるまき網漁業が14.6％，マグロ延縄漁業が13.1％となっている．

　漁業が盛んなこの島でも，若者の漁業離れに起因する就業者の高齢化が進行しつつある．ただ，熟年の島民には，島の自然環境など魅力を熟知し，それを子どもたちや島外の人々に伝えたいという情熱をもつ人々が存在している．彼らが，2012年に立ち上げたのが「離島 島野浦いきいき観光協議会」である．これは，きめ細かな「もてなし」，すなわち，人的交流に重点を置くブルー・ツーリズムを推進する組織であり，同組織および漁協関係者を中心に，4月に咲き誇るツツジを巡るトレッキングや西国三十三観音の案内，島の重要な年中行事である秋祭りなど，さまざまな取り組みを行っている．

　もともと島野浦島が属する延岡市は，弘法大師を祀る今山の大師祭り時に，来訪客をもてなす「おせったいのまち」を標榜し，近年ツーリズムに関するさまざまな施策を打ち出しており，島野浦島でもそういった地域全体での取り組みと連動する活動がなされてきた（●5）．

　島野浦島における全島民に対するアンケート調査（2013年）で，島のツーリズムを支えうる人材として，魚釣り，磯遊び，水泳・素潜り，まき網漁業の見学や説明，他の漁業，養殖業，水産加工業，漁業協同組合，昔の子どもの遊び，山遊び，昔話語り，民謡などの唄，島めぐり，伝統魚介料理，その他の料理，祭り・年中行事，島の自然，芸術・芸能に関する指導や紹介に関する協力ができるという多くの島民（タレント）の存在を確認することができた．

　ツーリズムの実施にあたっては，主体となる行政や中心組織による上からの働きかけと同時に，それらの活動を下支えする住民の有形無形の協力が不可欠である．島野浦島の場合，こういった協力の意欲をもち，いろいろな特技をもつ多くの島民がいるわけで，彼・彼女らを巻き込んだ，いわば地域の下からの活動展開を押し進めていくことで，より永続性のあるツーリズムの聖地として脚光を浴びうる島である．

　島野浦島は小粒ながら，美しい自然景観や豊かな人材を擁して来訪客を魅了する，さまざまな可能性をもった島なのである．

[中村周作]

● 1 島野浦島（2万5000分の1地形図「島浦」2003年修正,「古江」2006年更新, 原寸）

● 2 西上空からみた島野浦島（提供：結城豊廣氏）

● 3 七番峠から島野浦港を望む（提供：結城豊廣氏）

● 4 まき網漁業の操業風景（提供：結城豊廣氏）

● 5 ツーリズムの案内中（提供：結城豊廣氏）

九州南部・奄美群島

51. 島野浦島

52 甑島列島 ——カノコユリが咲く島々
(鹿児島県薩摩川内市)

　薩摩川内市に属する甑島列島は，鹿児島県本土から約30 kmの東シナ海に位置する．上甑島，中甑島，下甑島の3つの有人島といくつかの無人島からなる(●1)．南北に長く，列島全体で面積117.0 km^2，海岸総延長が183.3 kmもある．地形的には景勝奇岩が海に迫り，平野に乏しいリアス式の複雑な海岸線が連続する．

　特徴的なものとして，上甑島里集落のトンボロ(陸繋島)(●3)や，砂州(長目の浜)による海跡湖である海鼠池(●4)，下甑島の海上に突き出たナポレオン岩などがある．また，8月初旬の下甑島赤崎を望む斜面には，カノコユリなどが咲き辺り一面が花園となり，その美しさは見る者を圧倒する(●2)．

　甑島列島は，その景観美から，1981年(昭和56)に県立自然公園の指定を受け，その後，国定公園に昇格させるべく運動を展開し，2015年に甑島国定公園が設置された．国定公園としてのテーマは「太古の地球を感じる宝の島」であり，陸域・海域合わせて2万5,288 haの広大な指定地域が展開している．

　ちなみに国定公園としての重要な評価ポイントである海鼠池などは，2001年に環境省による「日本の重要湿地500」に，2009年に白亜紀から古第三紀にかけての地層が，地質情報整備・活用機構，全国地質調査業協会連合会による「日本の地質100選」に選定されている．薩摩川内市でも，国定公園指定に伴い新たなツーリズムビジョンを策定しているが，次の段階としてジオパークの指定を目指すとしている．

　甑島列島の人口は，2015年国勢調査結果によると，3島合わせて4,719人で，この20年間で3,000人程度減少し，世帯数は2,450となっている．1世帯当たりの人口は1.92人と少なく，独居世帯の多さや高齢化の著しい進行がうかがえる．ちなみに，65歳以上の高齢人口率は，島全体で45.8%となっており，薩摩川内市全体の33.0%よりも12.8ポイント上回っている．

　なお，島の基幹産業は漁業であり，なかでも小魚のキビナゴが特産である．ちなみに，上甑島の里集落にある甑島漁業協同組合の里本所では，年間500トンほどの水揚げがあり，その約6割がキビナゴで，その他にブリ，シマアジ，カンパチなどである．また，下甑島の手打集落にある同漁協下甑支所では，年間150トンほどの水揚げがあり，その約4割がキビナゴ，その他バショウカジキ，カツオ，マグロ，ブリなどである．

　建設業や農業などと並んで観光業も主要産業に数えられる．自然景観だけでなく，伝統芸能も多く，大晦日の来訪神として知られる「トシドン」が，1977年(昭和52)に国指定重要無形文化財に，さらに2009年にユネスコの無形文化遺産に登録された．また，2004年(平成16)には，島全体を芸術作品の展示場にする「甑アートプロジェクト」なども始動，年間入域観光客数もここ10年ほどで大きく増加している．

　島の漁業者やUターンした若者を中心とするブルー・グリーンツーリズムの動きなどもあり，これらと経験豊かで個性的な住民の取り組みをうまく組み合わせることができれば，さらなる活性化が望めよう．そういった人材こそが島の宝であり，財産なのである．

[中村周作]

● 1 甑島列島（電子地形図20万「甑島」2015年調製，×0.7，100万分の1地方図「日本Ⅲ」2010年修正，×0.40）

● 2 下甑島赤崎のカノコユリ

● 3 トンボロに展開する上甑島の里集落

● 4 上甑島の長目の浜と海鼠池

Ⅴ 九州南部・奄美群島

52. 甑島列島

53 種子島 ── 海と大地,そして宇宙をつなぐ島
(鹿児島県西之表市・中種子町・南種子町)

　鉄砲伝来の地として知られる種子島は,九州最南端の佐多岬から南東約50 kmの海上に位置し,人口2万9,847人(2015年),面積は約450 km²あり,島内に西之表市,中種子町,南種子町の3市町村を含む大きな島である(●1).地形的には琉球弧外弧に位置し,その地質は第三紀の海底堆積物の付加体が隆起した堆積岩を主にしている.最高標高点は282 mで,なだらかな台地状の島である.

　8世紀には日本の律令制度の下,多禰国が置かれ,屋久島とともに国司が派遣されたが,9世紀には大隅国の一部となった.古代においては,種子島はいわば日本の南の玄関口であり,海を通じて南から九州へと,さまざまなものが入ってくる際の結節点であった.

　その1つが赤米である.日本では長崎県の対馬市が有名であるが,種子島の赤米は対馬のものとは系統が異なっている.現在でも栽培され,南種子町の宝満神社では,毎年4月3日に赤米お田植祭が行われる.また,歴史資料館「赤米館」がある.温暖な気候のため,種子島では3月末にはほとんどの水田で田植えが終わっている(●2).こうした暖かい気候は,豊かな農産物につながっている.特にサトウキビ栽培が盛んで,水稲の作付面積1,033 haに対して,サトウキビは2倍以上の2,330 haに達する(2015年農林業センサス).

　山が低く開墾の余地が大きく,豊かなために,種子島は古くから多くの移民を受け入れており,近代においても鹿児島県本土や離島から数千人が種子島へ移住した.

　サトウキビと同じくらい盛んに栽培されている作物が,サツマイモである.サツマイモの日本伝来には諸説あり,種子島におけるサツマイモ栽培の歴史よりも以前に,すでに日本にサツマイモは伝わっていたという説もあるが,種子島では,1698年(元禄11)に琉球王よりサツマイモを手に入れた種子島久基が,家臣の大瀬休左衛門に命じて栽培させたことから,日本で初めてサツマイモを栽培した地であるとして,西之表市に「日本甘藷栽培初地之碑」の石碑が建てられている.

　以来,種子島ではサツマイモは農作物のなかでも重要な位置を占め,現在でも1,637 ha(2015年農林業センサス)で作付されている.さまざまな品種が栽培され,なかでも「安納イモ」と呼ばれるサツマイモの品種は全国的にも有名になっている(●3).

　種子島の名前を全国的に有名にしているのは,なんといっても南種子町にある種子島宇宙センターである(●4).1969年に設立された同センターは,H-ⅡAロケットなどの大型ロケットを打ち上げる発射台をもち,ロケットの燃焼試験や,ロケットの組み立てから打ち上げ管制までを行う施設である.ロケット打ち上げの時には,たくさんの観光客が訪れ,構内にある宇宙科学技術館とともに種子島観光の目玉の1つとなっている(●5).

　近年では種子島宇宙センターとかかわる題材を扱うアニメの舞台としても種子島が用いられ,その1つである「ROBOTICS;NOTES」の登場人物は種子島観光協会の観光大使ともなっている.

[宗　建郎]

● 1 種子島（50万分の1地方図「九州」2007年修正，原寸）

● 2 3月に田植えが終わった水田

● 3 安納イモ畑

● 4 種子島宇宙センター（提供：南種子町）

● 5 宇宙ヶ丘公園（提供：南種子町）

Ⅴ 九州南部・奄美群島

53. 種子島　　123

54 屋久島 ——山と海と人と
（鹿児島県屋久島町）

　屋久島は本土最南端佐多岬から南方約60 kmに位置し，東に位置する種子島とは20 kmと離れていない（●1）．人口1万2,913人（2015年），面積は約500 km²と非常に大きな島ではあるが，種子島とは対照的に，九州地方最高峰の宮之浦岳（標高1,936 m）を含む急峻な山地が島の大部分を占めている．屋久島はマグマが地中深くで冷え固まった花崗岩が隆起してできた山地であり，巨大な花崗岩の露岩が作り出す数々の滝や渓流も島内の見どころの1つである（●2）．一方，島の東部沿岸地域には，種子島と同様の第三紀海底堆積物による砂岩と泥岩の堆積層によって形成された地域があり，田代海岸では地層の褶曲や枕状溶岩などがみられる．

　屋久島は1993年にユネスコの世界自然遺産に登録されたことで一躍有名になった．原生状態の照葉樹林や，亜熱帯から亜寒帯まで標高によって日本列島の植生が垂直的に分布する貴重な自然環境をもつ島であるが，特に縄文杉が有名で，年間に8万人以上の人々が訪れる．日によっては1日1,000人を超えることもあり，縄文杉の周りは大混雑になることもある．多くの人が訪れることは，世界遺産への人々の理解を深めるきっかけになり，屋久島の観光推進の一助となる一方，保全するべき環境への大きな負荷ともなっている．

　そうした問題の1つがトイレである．縄文杉までの登山は往復8時間以上にもなる．環境省や自治体，屋久島山岳部利用対策協議会などさまざまな主体がトイレを設置しているが，多くは人力でくみ取り麓まで運んでおり，維持管理に多額の費用が必要なうえ，数も十分とはいえない．その
ため山岳部保全募金への協力を呼びかけるとともに，携帯トイレの利用を促進しており，携帯トイレを使用するためのブースも数多く設置している．また，縄文杉は観光地のように有名になっているが，そこへ至るためには標高1,300 mまでの本格的な登山を経なければならない．登山や自然環境保全へのマナーが必要であり，軽装での登山によるトラブルなどを防ぐため，さまざまな場所で啓発活動が行われている（●3）．

　貴重な自然環境は，山だけでなく海にもある．島の西部の永田浜は，アカウミガメが北太平洋で最も高密度に産卵のために上陸する地点であり，ラムサール条約に登録されている．永田浜では永田ウミガメ連絡協議会がウミガメ観察会を行っている．無秩序な観察で産卵の環境が損なわれることを防ぐとともに，高い確率でウミガメが観察できる機会を作っている．また，観察会の参加費を資金に海岸の清掃など環境保全を行っている（●4）．永田集落の有志の人々による活動であり，現在20人ほどで活動しているという．

　人々の生活文化にも貴重なものがたくさんある．たとえば北部の一湊は，首折れ鯖と鯖節の町である．一本釣りした鯖をすぐに血抜きして鮮度のよい刺身などで食べることができる．また，町には鯖節工場が建ち並ぶ．明治頃から鯖節をつくり続けている工場もあり，昔ながらの直火釜で鯖節をつくりながら，食べやすい新商品の開発も手がけている（●5）．縄文杉人気の陰に隠れて見えにくくなっている，屋久島の生活文化の魅力を発見していくことも，屋久島を楽しむ1つの方法かもしれない．

［宗　建郎］

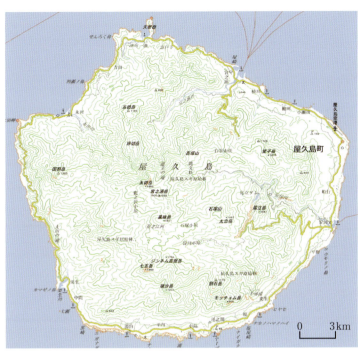

● 1 屋久島（電子地形図20万「屋久島」2015年調製, ×0.65）

● 2 白谷雲水峡の花崗岩

● 3 屋久島世界遺産センターでの啓発活動

● 4 永田ウミガメ連絡協議会の清掃活動

● 5 鯖節工場の直火釜

Ⅴ 九州南部・奄美群島

54. 屋久島

55 硫黄島 ── ジオの恵みにあふれた火山島
（鹿児島県三島村）

　硫黄島は九州南端の開聞岳の南約50 kmに位置する，人口129人（2018年）の島で，鹿児島郡三島村に属している．太平洋戦争末期の激戦地として知られる東京都の硫黄島と同字のため，薩摩硫黄島と表記されることもある．鬼界カルデラ壁の北西部にあたり，島の東部では活火山の硫黄岳（標高704 m）が常時白煙を上げ，集落は島の南西部にある港周辺に形成している（●1）．島と鹿児島県本土との往来のほとんどは，村営フェリーが担い，県本土と1日1便の往来確保を目指した運航体制が採られている．

　硫黄島の周辺では，海底からの鉄分を含んだ温泉が噴出し，海面が赤褐色に変色しており，島名の由来を想起させる（●2）．この様子から別名「黄海ヶ島」とも呼ばれ，のちに「鬼界ヶ島」の文字をあてるようになったといわれ，『平家物語』に登場する俊寛ゆかりの地として有名である．1177年（安元3），平氏政権打倒を企てた鹿ヶ谷の変の首謀者として，俊寛・藤原成経・平康頼がこの地に流罪となった．翌年，恩赦船が島にやってきたが，俊寛だけは許されず生涯ここで暮らしたという．島の中央部には，俊寛が庵を構えたとされる地に俊寛堂が復元されている（●3）．車道から庵までの参道は苔が敷きつめられ，活火山の島のイメージとは対照的な静寂さを醸し出している．1996年と2011年には，18代中村勘三郎が史上初となる野外歌舞伎「俊寛」を硫黄島港に面した長浜海岸で演じ，前代未聞の野外歌舞伎として話題を呼んだ．

　竹島と黒島を合わせた三島村の人口は383人，財政力指数は全国自治体最下位の0.05という，典型的な過疎自治体である（2018年）．村内には高校がなく，かつて操業していた硫黄岳での鉱業が休止したこともあり，特に労働力人口の減少傾向が続いている．その打開策として，畜産業とともに観光振興に期待が向けられるようになった．その起点は，1974年に三島村の誘致で大手観光資本が，旅館や飛行場を開業したことに求められる．亜熱帯海洋性気候による南国イメージを掲げ，富裕層をおもな対象としたリゾートづくりが進んだが，経営不振により1982年に撤退した．現在，飛行場は日本初の村営飛行場として個人所有の小型飛行機を中心に利用されている．

　三島村全体での年間観光客数は，この数年間は4,000〜7,000人台で推移している．人数自体に極端な増減はみられないものの，最近ではIターン者を含む島民による，着地型観光を指向した取り組みが注目される．

　その1つに2012年に始まった「三島村ジオパーク構想」がある．ジオパークとは，自然資源や人文資源を「大地の遺産」と位置づけ，地域が主体的に観光や環境教育，遺産の保護や研究を推進する仕組みをいう．硫黄島港近くの三島開発総合センター内には，本構想のコア施設として「鬼界カルデラ博物室」（●4）が置かれ，役場のジオパーク担当専門職員によるモニターツアー（花火づくりやシーカヤック体験など）が好評を博している（●5）．2015年，硫黄島を含む村全域が日本ジオパーク（三島村・鬼界カルデラジオパーク）に認定された．小規模島嶼という条件不利性を「世界一小さなジオパーク」としてアピールする逆転の発想が注目される．

［深見　聡］

● 1 硫黄島（5万分の1地形図「薩摩硫黄島」2002年修正, ×0.75）

● 2 白煙を上げる硫黄岳と硫黄島港

● 3 復元された俊寛堂

● 4 鬼界カルデラ博物室

● 5 人気の野天風呂・東温泉

Ⅴ 九州南部・奄美群島

55. 硫黄島　127

56 トカラ列島　口之島 ── 米軍統治下「北緯30度国境の島」
（鹿児島県十島村）

　トカラ（吐噶喇）列島は，屋久島と奄美大島の間に160 kmにわたって点在する有人島7島（口之島，中之島，平島，諏訪瀬島，悪石島，宝島，小宝島）と無人島からなる．戦前は大隅諸島の硫黄島，竹島，黒島を入れた十島村（じっとうそん）であった．戦後，北緯30度以南の7島は，奄美群島などとともに米軍統治下に置かれたため，十島村のうち北の3島は，日本領の三島村として独立した．1952年に奄美群島とともに日本復帰し，7島でもって十島村（としまむら）を構成した．

　トカラ列島は火山性の山地と隆起サンゴ礁からできている．孤立性が強く，人々の生活は島単位で営まれてきたが，人口は減少を続けた．1975年の十島村の人口は1,120人であったものが，2015年には756人まで減少した．人口が最多の島は中之島（171人）であり，最少の島は小宝島（55人）である．また村全体の高齢者の比率は28.4％に達した．

　トカラ列島は山地性の島嶼であることから，耕地に乏しく，かつてはトビウオを主とする水産業や畑作が主要な産業であったが，近年は黒毛和牛の肉用子牛飼育も行われるようになり，十島村で現在81戸の農家が約650頭の繁殖雌牛を飼養している．また農業では，早出しビワ（1986年から出荷）や観葉植物のサンセベリア（2003年から出荷）の生産が行われるようになった．

　トカラの島々と本土を結ぶ唯一の交通手段は船舶である．現在，村営定期船「フェリーとしま」が就航しており，住民の重要な足となっている．戦前の十島村の役場は中之島に置かれていたが，現在の十島村役場は鹿児島市に置かれている．

　十島村を構成する島の1つである口之島についてみてみよう（●1）．

　鹿児島港から「フェリーとしま」で約6時間かけて最初の島である口之島に到着する．口之島は米軍統治下時代に北緯30度の日本本土との国境線上に位置していたため（●2），非正規交易（密貿易）の拠点の島となっていた．

　集落は島の北部にある口之島集落と島の北西に位置する西之浜集落である．現在，口之島の世帯数99世帯，人口は159人（2015年）となっており，人口減少が続くものの，近年Uターン・Iターンの若者もみられるようになった．なお，2018年の口之島小中学校の児童・生徒数は小学生15人，中学生3人，教職員10人であり，学校の存続は島にとって大きな意味をもっている．そのため十島村山海留学生事業を実施しており，口之島でも受け入れている．

　産業としては水産業のほか繁殖雌牛の飼育が行われており，2012年の市場出荷頭数は，153頭と村内では最も多い．口之島には公共施設として，村役場の出張所（コミュニティセンター），小・中学校，郵便局，診療所，発電所がある．また売店，民宿3軒もあり，これらは島における人々の生活に欠かせない事業所である．

　口之島にはこの島の固有種で，空へ向かって花を咲かせるタモトユリ（鹿児島県天然記念物）や，口之島牛（野生化した在来牛）などの動植物がみられる．また，口之島の伝承芸能や神祭りは，ほかの島と同様に豊富である．特に，霜月祭り（芋の祭り）は旧暦の11月に行われるもので，口之島の最大の祭りである．

［堂前亮平］

● 1 口之島 (5万分の1地形図「中之島」1993年修正, ×0.65)

● 2 「北緯30度線」の碑 (提供：三上絢子氏)

● 3 湧水池「コウ」(提供：三上絢子氏)

● 4 島の北部の平瀬海水浴場 (提供：十島村役場)

Ⅴ 九州南部・奄美群島

56. トカラ列島　口之島

57 奄美大島 —— 都市のある島
（鹿児島県奄美市・龍郷町・瀬戸内町・大和村・宇検村）

都市と村落の共存

日本は島国で数多くの島々を有するが，一定規模以上の市街地を形成する「都市」を持つ島は少ない．日本では国勢調査に基づき人口密度 4,000 人/km² 以上で人口 5,000 人以上の地区を，市街地を意味する人口集中地区（Densely Inhabited District：DID）と定義している．2015年国勢調査に基づくと，DIDを有する島は淡路島・向島・因島・福江島・天草下島・奄美大島・宮古島・石垣島のみである．これらのうち，淡路島・向島・因島・天草下島は本土と架橋されている．

奄美大島（●1）には，名瀬 DID（1万7,064人）がある（●2）．また，南部の古仁屋も2010年国勢調査までは DID であった（●3）．しかし奄美大島全体では，DID に居住する人口，すなわち都市人口率は27.9%にすぎない．それでも，奄美大島は複数の都市を有する唯一の離島であり，都市と村落が共存する島でもある．

名瀬のにぎわい

奄美大島の中心都市である名瀬の都市形成は，1801年（享和1），薩摩藩の代官所の仮屋が島北部の赤木名から移転してきたことに端を発する．1875年（明治8）に大島大支庁（後の大島支庁）が開庁し，政治都市としての名瀬の発展が始まった．一方，名瀬の商業は鹿児島を中心とする寄留商人により担われた．また，名瀬の西側に位置する屋仁川通り周辺には，奄美群島出身者が経営する歓楽街が形成された．

大島支庁を中心とする行政機能，寄留商人が支配する商業機能，および屋仁川通りの歓楽機能は，それぞれ名瀬のなかで異なる場所に集積し，名瀬の基本的な都市構造を形成した．

名瀬の都市的機能は，終戦後の米軍統治から日本に復帰した1953年以降に急成長した．奄美群島の振興開発を目的として，奄美群島復興特別措置法（現，奄美群島振興開発特別措置法）が制定された．名瀬は同法による政策投資の受け入れ窓口の役割を果たし，鹿児島県大島支庁をはじめとする県や国の出先機関，マスメディア，および行政・司法書士事務所などの中枢管理機能が集積した．

復帰以降の奄美群島の経済は，政策投資による公共事業と大島紬に支えられた．最盛期の1980年における大島紬の生産額は286億円に達し，国の振興開発事業費283億円を上回った．大島紬は女性の手織り生産に依存していた．在宅で高収入が得られる紬織りの仕事には，農村の女性たちが従事した．機屋は優秀な織り子を確保するため，社宅として鉄筋コンクリートのアパートを建設した．子どもの進学や都市的生活を夢見た女性らを，機屋は家族ぐるみで名瀬に呼び寄せた．戦後における，奄美群島全域から名瀬への人口集中と，名瀬の都市的拡大の一端を大島紬が担った．

屋仁川通りもまた，公共投資と紬景気によって1980年代には活況を呈した．屋仁川通りは県・国からの出張者や，京都の織物問屋のバイヤーを接待する場として活用された．その殷賑は「ビールで足を洗う」と形容され，鹿児島の天文館に匹敵するにぎわいといわれた．他方，中心商店街に隣接して永田橋・末広の2市場が設置され，住民の消費需要に対応した．現在，名瀬の中心部では空洞化が著しいが，市街地の縁辺部に広大な駐車

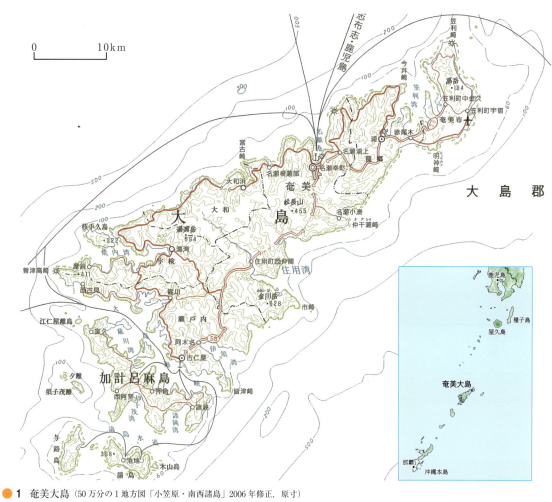

● 1 奄美大島 (50万分の1地方図「小笠原・南西諸島」2006年修正,原寸)

● 2 名瀬市街地

57. 奄美大島　131

❸ 古仁屋市街地の空中写真
（国土地理院撮影：CKU201221-C3）

場をもつ大型スーパーや量販店が立地する．中心部の衰退と郊外の発達という動向は，日本の地方都市に共通してみられる現象である．

シマのコスモロジー

名瀬に代表される都市が戦後成長したのに対し，島内のシマ（村落）は独自性を維持した．多くのシマは海岸部に立地するが，シマ同士の交流は少なく，それぞれが自己完結的な小宇宙を形成していた（●4）．そのためシマごとに異なる言葉（シマグチ）が話され，祭祀の際の歌（シマウタ）や踊り，囃子もシマによって大きく異なっていた．琉球王府によって権威を認められたノロと呼ばれる女性のシャーマンが，それぞれのシマの祭祀を司った．

シマは狭小な海岸平野に立地し，背後の山林と前面のサンゴ礁を組み合わせて1つの空間を形づくる．各シマで旧暦8月に行われる豊年祭（●5）では，集落の背後に位置するカミヤマに祖霊が降り立ち，カミミチを通ってシマの中央にあるミャーに至り，そこで相撲や八月踊りなど，ノロをはじめとするシマの人々のもてなしを受け，シマの沖合にある岩礁，立神を依り代に帰って行くと考えられている．このような豊年祭のストーリーこそが，ミクロコスモスとしてのシマのまとまりを表象する．

ミクロコスモスとしてのシマでは，住民同士が強い紐帯により結びつけられる．共同体的なつながりの強さは，奄美大島南部のシマにおいては，住民が共同出資して設立した共同商店や（●6），戦前期においてシマ単位で設立されたカツオ漁業組合に，そして相互扶助組織としてのユイワク（結）にもみることができる．豊年祭や敬老会などの集落行事では，高齢者をもてなすための余興の準備に，シマの青年らが一丸となって取り組む．

高度経済成長期以降，多くのシマは過疎化と高齢化による人口減少に直面している．シマには高齢者の姿のみが目立つが，限界集落や廃村化といった危機感は薄い．事実，この60年間で奄美大島では廃村は発生していない．自動車が利用できる若い住民の生活行動圏は広く，名瀬での購買や余暇活動を苦にしない．

一方，高齢者は，自らの生活行動圏を縮小させ，伝統的なシマ空間のなかで行動を完結させる．また，名瀬に居住する子どもや親族が頻繁に来訪し，介護・介助する姿がよくみられる．いわば名瀬がシマの生活を支援する構図が成り立っているが，これは個人レベルにとどまらない．多くのシマでは集落行事の際に，名瀬に住むシマ出身者が運営を手伝う．また，名瀬では各シマの同郷者団体である郷友会が組織され，名瀬に暮らす人々のよりどころとなっている．

シマと名瀬は切り離された異質の空間ではなく，相互に支え合う連続的な空間である．

［須山　聡］

●4 シマの景観（奄美市笠利町節田）

●5 豊年祭の相撲（大和村大棚）

●6 共同商店（大和村大棚）

Ⅴ 九州南部・奄美群島

57. 奄美大島　●　133

58 加計呂麻島 —— 限界集落の島，無人島化の危機？
(鹿児島県瀬戸内町)

　奄美大島の南に位置する加計呂麻島（●1）は，過疎化がとりわけ深刻である．1955年の人口は8,513人であったが，2015年には約6分の1の1,262人にまで減ってしまった．過疎化の契機は，島にあった鎮西村と実久村が，奄美大島側の古仁屋町・西方村と合併して，1956年に瀬戸内町が発足したことにあるといわれる．

　島の中枢管理機能である役場が失われたことに加え，基幹産業であったカツオ漁業や林業が衰退したこと，および高等学校が島内にないことが，激しい人口流出を引き起こした．

　シマ（集落）がなくなる，無人島になるという危機感は，島の人口が3,000人を切った1970年代以降，ずっと語られ続けている．同じ時期，本土の隔絶山村では挙家離村や集団離村が相次ぎ，離島でも伊豆諸島の八丈小島は1969年に，トカラ列島の臥蛇島は1970年に無人島化した．しかし，それ以来40年あまりが経過したにもかかわらず，加計呂麻島で廃村化したシマは皆無である．高齢化や少子化の波には抗えないが，シマは相変わらず存続している．

　加計呂麻島のような産業基盤を喪失した島は，「稼ごう」と思わなければ，むしろ暮らしやすい．都市住民からみれば，加計呂麻島はかなり不便であるが，それでも電力，水道，道路，航路といった基本的なインフラは整備されている（●2）．高齢化が進んでいるとはいえ，住民間の結びつきが強いシマでは，相互扶助による高齢者の介助や見守りを期待できる．また，小規模なキッチンガーデンでの自給的な農業と，サンゴ礁（●3）での採集・漁撈によって，食料のかなりの部分が自給できる．地域社会の結びつきが健全に機能し，豊かな自然環境が保たれている加計呂麻島では，ゆったりとして心豊かな日常を過ごすことが可能である．

　事実，そうした自然的・社会的条件に魅力を感じて，本土都市部から加計呂麻島に移住する人々が増加しつつある．国勢調査によると，2010～15年に加計呂麻島に転入した124人中，57.3%にあたる71人は鹿児島県外からの転入者である．全人口に対して，かなりの割合の人々が，最近5年間に本土から転入してきたことになる．

　県外からの転入者，いわゆるIターン者は，島の自然環境とゆったりとした暮らしに惹かれて移住し，ペンション経営やダイビングガイドなど（●4），観光客向けの仕事を職業としている．多くの集落では，Iターン者はさまざまな行事（●5）の運営に欠かせない存在である．

　一方，加計呂麻島で生まれ，就職・進学で本土に転出し，定年退職を契機に島に戻ってくるUターン者もいる．彼らは退職金や貯蓄および年金を生活資金とし，生まれ育った集落であるシマで悠々自適の余生を過ごす．

　加計呂麻島では，出生による自然的な人口再生産能力は萎縮してしまったものの，転入による社会的な人口再生産機能が，相対的に健全である．人口の減少傾向は今後も継続するが，それは一直線に無人島化につながるものではない．シマは本土の人々が思っているよりも，ずっとしぶとい．

［須山　聡］

● 1 加計呂麻島（電子地形図20万「奄美大島」2016年調製，原寸）

● 2 フェリーと島内を走るバス

● 3 加計呂麻島の青い海

● 4 Ｉターン者が経営するペンション

● 5 国指定重要無形文化財「諸鈍シバヤ」

Ⅴ 九州南部・奄美群島

58. 加計呂麻島　　135

59 喜界島 ——サトウキビ畑が広がる隆起サンゴの島
(鹿児島県喜界町)

　喜界島は奄美群島を構成する島の1つで，周囲48.6 km，面積56.94 km^2，鹿児島から南へ約380 km，奄美大島の東端から約25 kmに位置する．おもに隆起サンゴ礁によって形成された段丘状の地形からなり，頂上部には百之台と呼ばれる台地が広がる（●1．●2）．

　1953年にほかの奄美群島とともに日本に復帰したが，当時は南西部の喜界町と北東部の早町村に分かれており，1956年に合併，喜界町となり，一島一町となった．2015年の国勢調査によれば，人口は7,213人，世帯数は3,364である．島の中心機能は湾集落に集中し，役場や警察の幹部派出所，郵便局，小中学校などが立地する．また，喜界空港や湾港が整備され，鹿児島や奄美大島とを結ぶ航空機やフェリーが発着するなど島の玄関口としての役割も担っている．

　喜界島の経済を長い間支えてきたのは，ほかの奄美群島と同様，サトウキビ産業であり，島内にはサトウキビ畑が一面に広がる（●3）．ただし，第二次世界大戦前後までの喜界島では，集落ごとに地形や水利条件が微妙に異なり，サトウキビのほかにコメやサツマイモ，タイモ，ソラマメ，ゴマ，イグサ，その他野菜類など多様な作物が自給目的で栽培されていた．

　喜界島の農業がサトウキビ一色になるのは戦後のことである．その1つの契機となったのが，日本復帰後の1954年に制定された奄美群島復興特別措置法（1964年奄美群島振興特別措置法，1074年奄美群島振興開発特別措置法へと変更）で，国や県による圃場整備や灌漑事業，ハーベスタの導入など機械化が進められた．さらに，1959年に生和糖業（本社鹿児島市）が進出する．その結果，喜界島のサトウキビおよび分蜜糖の生産量は飛躍的に増大した．実際，サトウキビの収穫面積は，1959～60年期の654 haから1970～71年期には1,469 haまで急増した．

　こうした政策的支援事業のなかで最も大規模なものが，1992～2003年に実施された国営かんがい排水事業による国内2例目となる地下ダムの建設である．喜界島は年間約2,000 mm以上の降雨があるが，灌漑に利用できるような河川がなく，また，雨も石灰岩質の地盤に浸透してしまうため，水不足に陥ることも多かった．そこで，地下に浸透した水を貯めるためのダムを建設し，灌漑用水を確保する計画を立てた．ダムの総貯水量は133万 m^3，灌漑面積1,677 ha，1日の最大揚水量は4万5,300 m^{3}にもおよぶ．

　以上のように，戦後の喜界島の基幹産業はサトウキビを中心とした農業であったが，近年では砂糖の価格低迷に加え，高齢化や後継者不足の問題を抱えるようになり，1965年には2,428戸を数えたサトウキビの栽培農家は，2011年には664戸に，1985年には12万11トンあった生産量も2011年には5万8,490トンにまで減少している．そうしたなか，ゴマやキク，メロン，マンゴーなどの新たな農産物が栽培されるようになった．特に白ゴマの生産量は日本一であり，喜界島の特産品となっている（●4）．さらには，高倉やサンゴ石垣（●5）などの歴史・文化遺産や豊かな自然を生かした観光にも力を入れ始め，いわゆる「サトウキビ・モノカルチャー」からの脱却を図っている．

[藤永　豪]

● 1 喜界島（5万分の1地形図「喜界島」1997年修正, ×0.30）

● 2 南西上空からみた喜界島（提供：喜界町）

● 3 百之台からみた嘉鈍(かどん)集落とサトウキビ畑

● 4 集落内でのゴマ干し（阿伝(あでん)集落）

● 5 今も残るサンゴ石の屋敷垣（阿伝集落）

九州南部・奄美群島

59. 喜界島　　137

60 徳之島 ── サトウキビ農業と長寿・闘牛の島
（鹿児島県徳之島町・伊仙町・天城町）

　徳之島は，鹿児島市の南西約450 kmに位置し，奄美群島の奄美大島と沖永良部島の間に位置する島である．島の面積は約248 km²，奄美群島のなかでは，奄美大島に次ぐ規模の島であり，島の中央部には井之川岳（標高645 m）を主峰とする山地が南北に連なる．行政は鹿児島県大島郡に属し，徳之島，伊仙，天城の3町よりなる（●1）．徳之島の2018年の人口は約2万2,278人で，1980年と比較して－1万人と大きく減少している．

　徳之島の土地利用現況をみると，全島面積の約43.2％が森林で，次いで耕地面積が28.2％を占める（2015年）．6,988 haにも及ぶ徳之島の耕地面積は奄美大島（2,846 ha）の2.5倍の広さで，奄美群島の島のなかで最大である．これは比較的平坦な地形に恵まれていることによるもので，特に島の南西部を占める伊仙町において広々とした耕地が広がっている．

　2015年の産業別就業者数をみると，就業者人口の約63％にあたる6,549人が第3次産業に就業し，約24％（2,460人）が農業を中心とする第1次産業に就業している．徳之島の農産物の生産（2015年）において，著しく群を抜いているサトウキビの生産額は，奄美群島総生産額の44.4％を占めている．また，かつてのサトウキビ畑では，現在は「春一番」と名づけられた早出しのバレイショの栽培が盛んである（●3）．その生産額はサトウキビに次いでおり，近年増加傾向にある．畜産も盛んであり，肉用牛の生産額は奄美群島全体の45.3％を占めている．

　徳之島の農業に必要な用水は，降雨に依存しており，夏の干ばつにより農作物に被害を与えてきた．そのため徳之島ダムを築造し，用水を確保する水路を整備する事業が1997年から進められている．

　徳之島町の亀津は，藩政時代から島の中心地であり，現在でも県の行政出先機関が集まっているほか，商業施設や各種事業所も集積しマチを形成している（●2）．過密からの脱却を目指して亀津海岸の埋立て工事が始まったのは1967年で，1981年に完成した．面積は30万8,094 m²の広大なものである．亀津の人口は5,643人（2015年）で，市街地は準人口集中地区となっている．

　徳之島は長寿と子宝の島として知られている．長寿としては泉重千代氏（1986年死去，享年120歳）や本郷かまと氏（2003年死去，享年116歳）が全国的に有名であるが，1万人当たりの100歳以上の人数をみると，全国平均の4.59人と比較して徳之島は15.46人で，格段に高くなっている．また合計特殊出生率も全国に比べて高い水準にあり，2008～2012年の平均でみると，伊仙町は2.81で全国第1位である．

　交通は，西岸に平土野港，東岸に亀徳港があり，鹿児島市との間に定期船がある．また，空港は平土野にあり，鹿児島，奄美大島からの定期便が就航している．観光資源も豊富であり，特に島の人々の娯楽でもある闘牛は有名である．闘牛場は島に7ヵ所あり，正月，5月，10月に開催される全島一闘牛大会には，見学する帰省客や観光客も多く，島は闘牛に沸く（●4）．また，島には国特別天然記念物のアマミノクロウサギなど希少動植物が生息している．

［堂前亮平］

● 1 徳之島（電子地形図20万「徳之島」2015年調製, ×0.87）

● 2 東部の中心集落「亀津」

● 3 バレイショの収穫風景

● 4 闘牛大会（提供：伊仙町役場）

Ⅴ 九州南部・奄美群島

60. 徳之島

61 沖永良部島 ── 泉・暗川とケイビング
(鹿児島県和泊町・知名町)

　沖永良部島は，鹿児島市から南西に約540 kmの位置にある(●1)．島は第三紀層を基盤としてサンゴ礁段丘が広く発達しており，西側の海成段丘は大山（標高246 m）を中心として同心円状に分布している．年間平均降水量は1,836 mm，年平均気温は22.4℃で温暖な気候条件にある．面積は94.5 km^{2}で奄美群島のなかでは奄美大島，徳之島に次ぐ広さである．人口は1万2,996人（2015年）と，奄美大島，徳之島に続き，3番目となっている．

　沖永良部島は，河川は少ないものの，湧水の数は多く，また石灰岩と基盤との間に「暗川」と呼ばれる地下河川が形成されている(●2)．多くの湧水は，暗川の末端である．海岸では湧水が数多くみられ，特に住吉集落やジッキョヌホーと呼ばれる瀬利覚集落の湧水は規模が大きい(●3)．また，屋子母海岸や沖泊でも大規模な湧水がみられる．沖永良部島では上水道が普及するまで，水資源のほとんどを湧水に依存しており，海岸線付近の湧水や石灰洞内の暗川から汲み上げるなど，生活用水の確保は重要な問題であった(●4)．

　集落は湧水を囲むように形成されていることが多い．島全体において名前のついた湧水や暗川は130ヵ所以上あったとされ，確認できるものでは90ヵ所程度現存している．現在でも，各地区の代表的な湧水や暗川は，地域住民により保全管理されているが，港湾整備や土地整備事業などにより埋め立てられたり，その存在が忘れられたりする場所もみられる．

　沖永良部島では生活用水と同様に農業用水も湧水，ため池，天水などに依存してきた．そのような条件下にありながらも農業が盛んであり，サトウキビやエラブユリのほか，キク，ソリダコといった園芸作物，ジャガイモ，葉タバコなどが栽培され，肉用牛の飼育も盛んである．奄美諸島のなかでも農業のイメージが強い島であるが，農業を取り巻く環境が厳しくなってきていることから，若い世代を中心に新しい観光のあり方を模索する姿もみられる．

　沖永良部島には，「昇龍洞」をはじめとする多くの鍾乳洞が存在し，島民はもとより，大学の研究者，探検部の学生，洞窟学会関係者の一部には知られていたが，一般にはなじみの薄いものであった．しかし，2011年頃よりケイビング（洞窟探検）が観光化され，観光客も洞窟を体験することができるようになった．海のダイビングとともに，陸のケイビングを体験する観光客も増えており，サンゴ礁の過去と現在の姿に触れることができる．

　ガイドの多くは沖永良部島の出身者であり，洞窟内のツアーの安全技術を高めるだけでなく，地下環境を含めた島全体の自然環境についても解説している．現在，ケイビングコースとなっている鍾乳洞の数が限られていることや，観光用となっている鍾乳洞に比べて，安全の点から一度に多くの人数が洞窟内に入ることができないため，制約はあるものの，参加者は順調に増えている．また，沖永良部島の海岸はウミガメの生息地であったり，多くの海洋生物がみられたりすることから，島の自然環境に触れるツアーも開催されるようになった．

[元木理寿]

● 1 沖永良部島（電子地形図20万「徳之島」2015年調製，原寸）

● 2 住吉暗川（クラゴウ）の入り口

● 3 知名町瀬利覚集落の湧水「ジッキョヌホー」

● 4 知名町黒貫集落の湧水「クヌギヌホー」

61. 沖永良部島

62 与論島 ── ヤマトか，ウチナーか，境界の島
(鹿児島県与論町)

　与論島（●1，●2）の南には，1953年から沖縄復帰の1972年まで「国境」があった．小笠原復帰の1968年までは，この島が日本の最南端だった．日本の「端っこ」を求めて，1970年代には多くの若者がこの島を訪れ，与論島には数多くの民宿が軒を連ねた．しかし，沖縄が観光地として成長を遂げた1980年代以降，与論島は沖縄の手前にある小島として本土の人々から見過ごされた．与論島は沖縄の代替物として一時もてはやされたにすぎない．与論島に対するまなざしには，日本本土と沖縄の狭間という位置的特性が強くかかわる．与論島の暮らしのあちこちに，本土と沖縄の影響をみることができる．

　本土から与論島をみれば，まず目につくのは沖縄との共通性である．かつて沖縄がアメリカに支配されていた時代，多くの若者をこの島に惹きつけた理由は，沖縄と同じマリンブルーの海（●3）であった．また，沖縄を含む南島は，台風を避けてサトイモなどの冬作物を栽培する．与論島も冬作いも類栽培地域に連なる．加えて，広大なサンゴ礁やサトウキビ畑の広がる平らな島の景観は，沖縄の離島を思い起こさせる．

　1609年（慶長14）に薩摩藩が侵攻するまで，与論島を含む奄美群島は琉球王国に服属した．したがって，与論島の食文化は琉球の影響を強く受け，豚肉がよく食べられ，儀礼の場ではヤギ料理が供される．

　国の重要無形民俗文化財に指定されている与論十五夜踊り（●4）は，本土風の一番組と琉球風の二番組から構成される．一番組の踊りには，「さんばんすう（三番叟）」や「町奉行」「頼朝公」といった本土から伝わった演目が並び，その所作や言葉は能・狂言から取り入れられた．

　近年では沖縄のエイサーが与論島でも普及し，複数のエイサーチームが結成されている．島内のイベントや結婚式の余興などでもエイサーの演舞が披露され，宴席を盛り上げる．エイサーは与論島と沖永良部島では普及したが，徳之島以北ではなかなか受け入れられないといわれる．文化的には，与論島はヤマトとウチナーの要素が接触する最前線である．

　一方で，住民の生活行動は，沖縄と本土に引き裂かれているようにみえる．島内で購入できない高級品や買い回り品の購入先は，多くの場合那覇である．与論島には鹿児島からのほか，沖縄との航空路線（●5）もある．家電製品や自動車は，輸送料を考慮すると，那覇で購入するのが最も安いという．

　沖永良部島とともに与論島では，春夏の高校野球の際に，鹿児島県代表よりも沖縄県代表を応援する人々が多数を占める．住民の沖縄に対する親近感はきわめて強い．しかしながら，行政組織の枠組みとしては鹿児島県に属するため，公務員の出張や中高生の対外試合では，鹿児島県本土や奄美大島に出向くことが多い．

　また，大学進学先および就職先では，東京大都市圏，福岡，鹿児島県本土が中心であり，若年層の失業率が高い沖縄を目指す若者は数少ない．歴史的・文化的には琉球に惹かれつつも，現実的な生活は沖縄と「内地」を両にらみしている．与論島の置かれた位置的特性は，住民の価値観や生活行動にも影を落としている．

［須山　聡］

● 1 与論島（5万分の1地形図「与論島」1991年修正，×0.7）

● 2 空からみた与論島

● 3 島の東海岸に広がる百合ヶ浜（提供：ヨロン島観光協会）

● 4 与論十五夜踊り（提供：町 健次郎氏）

● 5 与論空港の那覇便

Ⅴ 九州南部・奄美群島

62. 与論島　● 143

63 伊平屋島 ── 数少ない離島同士の架橋の島
（沖縄県伊平屋村）

　伊平屋島は沖縄県最北端の有人島で，鹿児島県最南端の与論島とほぼ同緯度にある（●1）．伊平屋島の前泊港から，1日2便の今帰仁村の運天港行き貨客船により沖縄本島北部と結ばれている．伊是名場外離着陸場から伊江島空港経由那覇空港間の不定期便があったが，2008年に運休した．

　1908年（明治41）の島嶼町村制施行により，伊平屋島は伊是名島，野甫島，具志川島とともに伊平屋村を構成した（役場所在地は伊是名島）．琉球王国時代から王府直轄領であったため，沖縄本島北部を直轄する国頭郡ではなく，本島南部と同じ島尻郡となった．1939年（昭和14）に伊是名島と具志川島の領域が分立して伊是名村となったため，それ以降の伊平屋村は伊平屋島と野甫島の2島で村域を構成している．伊平屋村の人口は両島合わせて1,238人である（2015年国勢調査）．

　伊平屋島は，田名，前泊（●2．●3），我喜屋，島尻の4集落からなり，島の約6割を標高200〜300 mの山地が占めている．島の主産業はサトウキビ，稲作，モズクである．島の名所に「クマヤ洞窟」などがある．また，島の南端にある米崎ビーチは，色彩が透明からコバルトブルー，濃紺へと変わり一見の価値がある．

　1979年に伊平屋島と野甫島間が架橋され，両島は一体化した．しかし，一車線と道幅も狭く，洪水で度々通行止めになるため，2004年に海抜が高く，2車線（片側歩道付）の新「野甫大橋」（橋長320 m）に架け替えられた（●4）．

　野甫島の就業者のうち，伊平屋島にある小中学校，役場，農協，漁協，飲食店などへの通勤者は約半数を占めている．また，買い物や各種サービスを受けに日常的に伊平屋島に渡る野甫島の住民にとって，野甫大橋は必要不可欠なライフラインである．一方，伊平屋島の住民にとっても，架橋により野甫島へ容易に行くことができるだけでなく，野甫港から伊是名島まで海上タクシー（●5）を利用することにより，親戚の多い伊是名島への訪問が容易になった．また，伊平屋島近海は波が荒く，伊平屋・運天間が欠航となっても，伊是名・運天間は運航されることがある．その場合，伊平屋島から野甫島と伊是名島を経由して沖縄本島へのアクセスは確保できる．

　沖縄県内では小規模離島同士が架橋された事例は少ないが，野甫大橋の架橋は伊平屋島，野甫島両島の住民にとってきわめてメリットが大きい．

　教育機関などについては，小中学校は伊平屋島，野甫島のどちらにも1校設置されているが，保育所と幼稚園は伊平屋島のみにある．そのため，野甫島の子どもは，野甫大橋を渡って伊平屋島の保育所や幼稚園へ通っている．なお，両島には高等学校がないため，中学校を卒業した「15の春」にはほぼ全員が島を離れ，沖縄本島の高等学校に進学している．高校段階での島外進学は家計に負担である．また，子どもの進学に付き添って母親も離島し，島には父親のみが住んでいるという家庭もみられる．1979年の野甫大橋架橋に伴い，野甫島から伊平屋島への通学が容易になったため，野甫小中学校が伊平屋小学校および伊平屋中学校に統合されないか懸念され続けている．このように架橋により，学校をはじめ公的施設の統合問題を生じさせることもある．

[堀本雅章]

● 1 　伊平屋島・野甫島 （5万分の1地形図「伊平屋島」,「伊是名島」1993年修正, ×0.35. 100万分の1地方図「日本Ⅲ」2010年修正, ×0.7）

● 2 　高台から前泊集落を望む

● 3 　島の中心地・前泊集落

● 4 　野甫集落と野甫大橋

● 5 　海上タクシーが出航する野甫港

Ⅵ 沖縄

63. 伊平屋島　●　145

64 伊江島 —— 岐路に立つ農業と広がる民泊への取り組み
(沖縄県伊江村)

　伊江島は，沖縄本島北部にある本部半島の北西約9 kmに位置する面積22.7 km²，東西8.4 km，南北3 km，周囲22.4 kmの島である．全域が伊江村に属している（●1）．島は古生代のチャートでできた城山（通称：伊江島タッチュー，海抜172 m）と，その周囲に発達した隆起サンゴ礁からなる．隆起サンゴ礁の平坦面は，高さ約60 mの断崖が連なる北海岸から南海岸に向けて緩やかに傾斜しており，住宅，商店，公共施設などは伊江港がある南海岸に集中している（●2）．一方，島の中央から北海岸にかけては農地と軍用地が広がっており，それぞれ島の総面積の43.7%，35.2%を占めている．

　伊江島の基幹産業はタバコ，キク，肉用牛を主体とした農畜産業である．沖縄の離島では，台風被害と資材や生産品の輸送コストが農畜産業の阻害要因となっているが，タバコや春の彼岸向けのキクは台風の来襲が少ない冬～春季の間に栽培できる．

　また，タバコは日本たばこ産業株式会社（JT）が資材費や島外移送費を負担すること，キクは露地電照栽培により暖房費がかかる日本本土の他産地と比較して生産コストが低いこともメリットとなっている（●3）．肉用牛は島内の農地や軍用地などの牧草を飼料とし，子牛を生後8～10ヵ月まで育てた後に島内市場でセリにかけることで，飼料費や子牛の島外移送費を低く抑えられることも有利な点である．

　伊江村では3品目のメリットを十分に享受するため，軍用地の「迷惑料」として支払われる国費を，溜池や大型畜舎の整備などに集中的に投資して農畜産業の振興を図ってきた．しかし，タバコは，連作障害や生産者の高齢化，消費の減退などの影響で，産出額が2002年の16.9億円をピークとして減少傾向に転じた．2000年代半ば以降は，キクや肉用牛も生産者の高齢化などの影響で産出額が頭打ちとなり，1990年代末～2000年代初頭には40億円を超えていた農業総産出額が35億円を下回った（●4）．

　こうした状況下で，島の経済に大きく寄与し始めたのが，民家体験泊（以下「民泊」と略す）である．伊江島には1990年代から多くの修学旅行客が訪れていたが，ホテル・民宿などの収容定員は約400名に過ぎないため，多くが日帰りであった．

　伊江島ではほとんどの子どもが高校進学を機に島を出て帰島しないため，多くの家で子ども部屋が空き部屋となっていた．2003年には空き部屋の有効利用策として，30戸の民家で4校317人の民泊を受け入れた．その後，民泊は年々増加し，2013年には，294戸で308校4万7,617人を受け入れるまでになった（●5）．

　民泊事業は伊江島観光協会と民間会社の2事業体が行っており，観光協会の1泊の基本料金が9,500円（税別）であることから，単純計算でも4.5億円程度の経済効果をもたらしていると推測される．また，本土との間に橋が架かっていない伊江島では，民泊や修学旅行にくる児童・生徒が往復とも村営フェリーを利用することになり，これらの運賃収入が，伊江航路の黒字経営の継続にも寄与している．2018年7月には，新型フェリー「ぐすく」が就航した．　　[助重雄久]

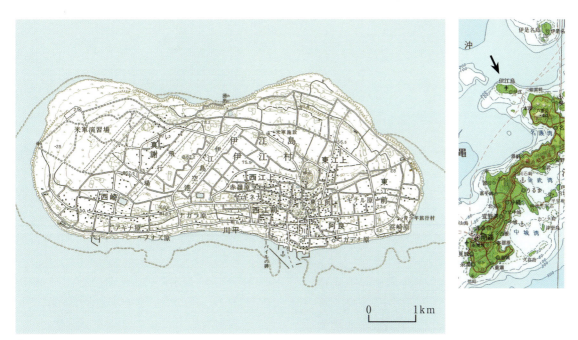

● 1　伊江島（5万分の1地形図「伊江島」1992年修正，×0.65．100万分の1地方図「日本Ⅲ」2010年修正，×0.7）

● 2　伊江港からみる城山と集落

● 3　キクの露地電照栽培

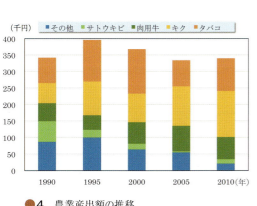

● 4　農業産出額の推移

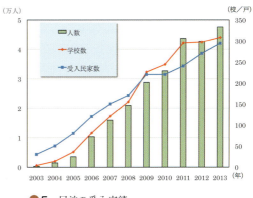

● 5　民泊の受入実績

64．伊江島　● 147

65 与勝諸島 —— 海中道路と橋で結ばれた島の変化
（沖縄県うるま市）

沖縄本島中部の東海岸から太平洋に突き出た与勝半島の周辺には，大小の島々があり，与勝諸島と称される．そのうち，平安座島，宮城島，伊計島，浜比嘉島，津堅島の5つの島が有人島である（●1）．いずれの島々も石灰岩で覆われた台地状の地形をしており，海沿いには見事な海岸段丘が形成されている．沖積平野あるいは段丘斜面上に立地している集落は，古くから半農半漁村が多かった．

近代期においては，人口過剰のために与勝諸島からは，ハワイやブラジル，フィリピン，南洋群島など外国や外地への移民が盛んに行われた．移民先で苦労して稼いだお金は与勝諸島にいる家族に送金され，貧しい家計を助けた．また，小学校や神社の改築の際には，多くの移民たちが故郷の集落に多額の寄付を行った（●2）．沖縄戦後の米軍統治時代になると，島々から米軍基地建設や軍雇用を求めて沖縄本島中部への人口流出に拍車がかかり，典型的な過疎の島となった．

さまざまな離島苦（島チャビ）を解消するために，与勝諸島の人々は架橋による沖縄本島との一体化を目指してきた．1971年に米国資本のガルフ石油が平安座島での巨大石油備蓄基地の建設と引き換えに，沖縄本島の屋慶名まで4.8 kmに及ぶ海中道路を建設して，平安座島は沖縄本島と結ばれた（●4）．

さらに日本復帰後の1974年には，平安座島と宮城島の間の海が石油貯蔵施設建設のために埋め立てられ，宮城島が平安座島と一体化した．1982年には伊計大橋が，1997年には浜比嘉大橋が完成し，沖縄本島から与勝諸島の有人島は，津堅島を除き道路により結合されるに至った．

架橋などにより，島々は交通の制約から解放され，医療や流通の問題もほぼ解消した．海中道路を経由して島の人々が自宅から沖縄本島に所在する高校や大学，職場に通勤通学が可能になった．沖縄本島の人々も与勝諸島を気軽に訪れることができ，交流人口が増加した．

産業面では，伊計島や宮城島のサトウキビが，刈り取り後に糖度を落とさずに，沖縄本島の製糖工場に運べるようになった．浜比嘉島ではモズクの出荷が容易になるなど，沖縄本島との一体化は一次産品の輸送に好影響を与えている．このほか，架橋は建築資材の輸送費を低減させた．集落内ではそれまでの伝統的な木造家屋を取り壊し，コンクリート造りのモダンな家屋への新築が盛んになった（●3）．そのため，与勝諸島の集落景観は沖縄本島のそれと変わらなくなってきている．

しかしその一方で，海中道路や埋め立てにより金武湾は閉鎖湾に近い状況となり，海流の変化や土砂埋積などの環境問題が起こった．また，架橋などで沖縄本島と結ばれても，離島が半島化したに過ぎず，架橋後に一時的な人口流入や観光化がみられても，それが継続しない場合が多い．生活面をみても，沖縄本島と一体化されると，島内にあった公立診療所が廃止されて医師や看護師の常駐がなくなる，各島の小中学校が平安座島の彩橋小中学校に統廃合されるなど，島の公共施設が削減された．島内では車を所有する者と所有しない者の格差や，港を中心とした島のコミュニティーの弱体化などが指摘されており，架橋が島社会に与えるインパクトは大きい．

[宮内久光]

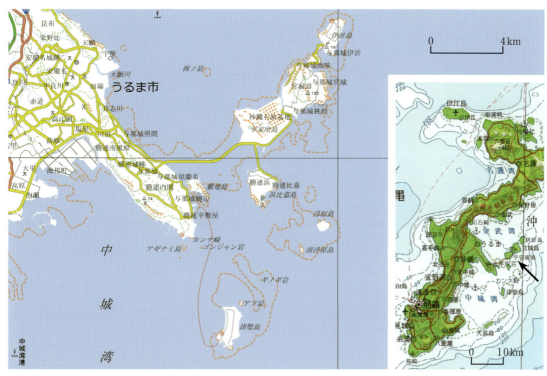

●1 与勝諸島（電子地形図20万「那覇」2015年調製，原寸．100万の1地方図「日本Ⅲ」2010年修正，×0.9）

●2 小学校建設に対する海外移民からの寄付芳名碑（浜比嘉島比嘉集落）

●3 新しい家屋が立ち並ぶ浜比嘉島浜集落

●4 海中道路と浜比嘉大橋（左奥）

65. 与勝諸島

66 座間味島 ── ダイビング客からヤマト嫁に
（沖縄県座間味村）

　座間味島は，沖縄県那覇市から西に35kmほど離れた東シナ海上に位置し，島尻郡座間味村を構成する．地形学的には山地性高島に分類され，限られた平坦地に座間味，阿佐，阿真の3集落がある（●1）．島の人口は2015年国勢調査で564人を数える．座間味島をはじめ，沈降性の屈曲に富む周辺の島々は，多島海景観美を誇り，1978年には座間味島全域および周辺海域が沖縄海岸国定公園に指定された．

　座間味島はスキューバダイビングのメッカとして知られており，座間味の海に魅せられて全国からダイバーたちが訪れる．座間味近海がダイビングに適する自然的要因として，年間を通してダイビングが可能であること，海中が「ケラマブルー」と呼ばれる紺碧で抜群の透明度を誇ること，初心者向けから上級者向けまで多くのダイビングポイントがあること，ポイントではサンゴ礁や岩礁，砂地といった多様な海底地形とともに，色鮮やかな水中生物が織りなす素晴らしい海中景観を鑑賞できること，などがある（●2，●3）．1987年以降，座間味島近海に繁殖のためザトウクジラが回遊するようになり，島の観光にホエールウォッチングも加わった．1988年には，座間味島を舞台とした映画『マリリンに逢いたい』が上映されたことをきっかけに，「座間味ブーム」が起き，全国から観光客が訪れるようになった．

　1980年には農業，漁業，建設業の3業種への就業者が58%を占めていた半農半漁の過疎の島は，2015年には宿泊業・飲食サービス業就業者（112人）だけで全体の33.4%に達する観光の島として大きく変貌した．2015年現在，ダイビングサービス施設が28軒，民宿などの宿泊施設が42軒，飲食店や土産店が27軒立地している．最近は，スキューバダイビングのほか，SUPやシュノーケリング，カヤック，釣りなどを専門とするガイドサービス事業者も立地しており，マリンレジャーも多様化している（●4）．

　観光地化の進展と並行して，座間味島にUターンする島出身者のほか，沖縄県外出身者の転入も相次いだ．ダイビング目的の観光客として島を訪れた女性のなかには，島に魅せられて何度も島を訪れるうちに座間味島出身の男性と知り合い，結婚に至った者もいる．彼女たちは「ヤマト嫁」と呼ばれ，約30人を数える．1980年に最初のヤマト嫁が島に嫁いでから既に30年以上経ち，その子ども世代が島の経済活動や伝統行事などの重要な担い手となり，島社会には欠かせない存在となってきている．

　近年，座間味島近海は約250種にのぼる多様なサンゴの生息地として，さらにザトウクジラの重要な繁殖海域として，多様な生態系が保たれていることが再評価されるようになった．2005年には座間味村阿嘉島との間の海域がラムサール条約に登録されたことをはじめ，2014年には新設された「慶良間諸島国立公園」の海域公園地区に指定された．その一方で，地球温暖化に伴う海水温の上昇，オニヒトデの大量発生，赤土流出など，座間味海域の自然環境は厳しさを増している．また，島を訪れる観光客やダイバーの数はリーマンショック（2008年），東日本大震災（2011年）など不況や自然災害などで減少するなど，観光事業所の経営は脆弱な一面もみられる．　[宮内久光]

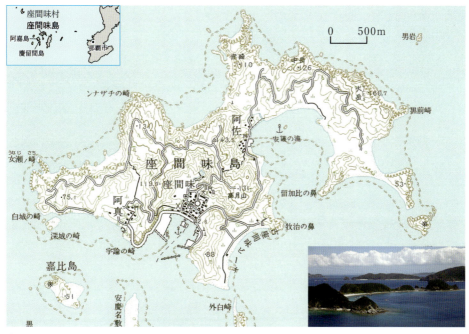

● 1 座間味島（5万分の1地形図「慶良間列島」2001年修正，原寸）　　座間味島高月山展望台から望む

● 2 サンゴの海でのスキューバダイビング

● 3 「ミシュラン・グリーンガイド」で評価された古座間味ビーチ

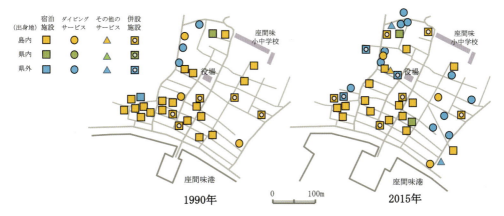

● 4 座間味集落のマリンレジャーサービスと宿泊施設の立地変化

Ⅵ 沖縄

66. 座間味島　●　151

67 渡名喜島(となきじま) —— 前近代の集落景観が生きる場所
(沖縄県渡名喜村)

　渡名喜島は，那覇市より北西に 58 km の東シナ海上に位置する．島の面積は 3.56 km^2，周囲は約 12.5 km で，最高標高は大岳(うーたき)の 179 m である(●1)．渡名喜島以外に，米軍の射爆場として使用されている入砂島(いりすな)(0.26 km^2)と，島尻崎(0.01 km^2)の2つの無人島が渡名喜村に含まれる．

　渡名喜島は，北部には火成岩類・泥岩類の地質のみられる丘陵部が分布し，南部は古期石灰岩やドロマイトなどの地質で形成された岩山が占める．この岩山の地形は，円錐形をした熱帯カルスト丘である．これら丘陵・岩山の間にある低地部にはトンボロ地形が広がり，そこに格子状の集落が立地している．集落は2つの山と丘陵地の間の低地部にあるため，島ではターマタ（二股）とも呼ばれている(●2)．1950 年には 1,601 人（316 戸）の人口を有したが，沖縄本島の中南部地域を中心とする島外への人口流出が進んだ．

　2015 年の国勢調査によれば人口 430 人（男 278 人，女 152 人），世帯数は 267 戸である．0〜14 歳までの年少人口が 40 人，65 歳以上の高齢者が全人口の約3割の 129 人を占める．2005 年と比較すると 10 年間で人口は 101 人減少しており，過疎化は一段と進行している．

　渡名喜島には，集落の北部に島の成り立ちを伝えるクビリドゥン，サトドゥン，ニシハラドゥン，ウェーグニドゥンの拝所がある．これらの拝所は，島民の健康，豊作，豊漁などを願う「シマノーシ」と呼ばれる島最大の祭祀行事の舞台となっている．集落は，この拝所を背にして，格子状の集落形態が南向きに展開している．

　渡名喜島の集落は，琉球王国時代の「地割制度(じわり)」の遺構とでもいうべき，格子状集落の特徴を有している．集落は東，西，南と3区分され，おおよそ北東－南西ライン（場所によっては北北東－南南西），南東－北西ラインの道路が集落内を通っている．狭い道路と道路の間には，100 坪以上の屋敷地があり，1〜1.5 m ほどに掘り下げられている．掘り下げられた屋敷地を取り囲むサンゴを含む石灰岩の石垣とフクギ並木など，台風などの強風から民家を守るための工夫が随所に施されている(●3)．

　前近代にみられた地割制度の遺構である短冊型耕地も島に残されている(●4)．1899 年（明治 32）の沖縄県土地整理法施行前まで行われていた地割制度による土地の割替は，耕作地までの距離や肥沃度などを勘案し，小さく区画された土地を組み合わせて，均等に住民へ配分する仕組みであった(●5)．特に平らな土地では，短冊型耕地の景観が沖縄各地に広がっていたとされる．

　また，明治末に導入されたカツオ漁の隆盛以降，それまでの茅葺き(かやぶ)民家に代わって，渡名喜島を象徴する赤瓦屋根の民家が増加した．大正中期には，家屋の 90％が瓦屋根となった．昭和に入ると，近海での漁業が不漁となり，多くの漁民が南洋群島に移住し，そこから渡名喜に送金しながら家屋を維持した．

　渡名喜島では，先人が築いた伝統的な集落景観の価値が評価され，2000 年には竹富島に次いで県内2番目となる重要伝統的建造物群保存地区に選定された．過疎化の波に晒されながらも，貴重な文化的景観を生かした「シマおこし」がすでにスタートしている．

[崎浜　靖]

●1 渡名喜島（5万分の1地形図「渡名喜島」2001年修正，原寸．100万分の1地方図「日本Ⅲ」2010年修正．）

●2 ターマタ（二股）の間に位置する渡名喜集落

●3 フクギに囲まれた赤瓦屋根の民家

●4 地割制度に由来する短冊型耕地

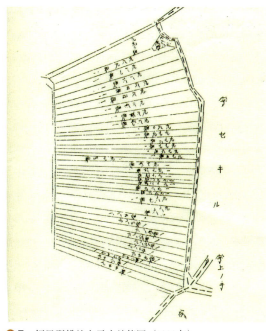

●5 短冊型耕地を示す地籍図（1903年）

Ⅵ 沖縄

67．渡名喜島　●　153

68 久米島 ── 球美の島は特産品の島
（沖縄県久米島町）

　那覇市から西方約100 km離れた，東シナ海上に位置する久米島は，面積59.1 km²の島である（●1）．島の周囲はサンゴ礁が発達し，特に南西側の海岸は日本でも珍しい堡礁がみられる．島の人口は8,239人（2015年）を数え，沖縄県内でも宮古島，石垣島に次ぐ人口規模の離島である．奈良時代の基本資料である『続日本記』には，714年（和銅7）に「球美」の人が奈良の都を訪れたことが記されている．「球美」とは久米島のことを指すといわれ，古代からこの島が日本本土と交流があったことが伺える．また，久米島は沖縄本島から中国大陸へ向かう途中に位置することから，琉球国時代には琉球と中国の貿易船の寄港地でもあった．

　久米島が日本本土や中国と古くから交流をしていた証が，現在，沖縄県指定無形文化財に指定されている久米島紬である（●2）．15世紀頃に中国から養蚕と紬織りの技術が久米島に伝えられ，さらに17世紀に越前や薩摩から先進的な技術指導を受けることで，紬の生産技術は飛躍的な進歩を遂げ，高品質化が図られた．首里王府は米の租税の代わりとして紬を代納する貢納布制度を設け，島の女性たちに強制的に機を織らせた．明治期以降になると，久米島紬は島の産業として，幾多の盛衰を繰り返しながら，今日まで織られ続けている．久米島紬の生産の特徴は，生産の企業化・分業化を行わず，各農家が1台織機を置いて，染色から製織まで一貫生産を行っている点である．この点がデザイン，染め，織りなど各工程が完全分業になっている大島紬との違いである．

　久米島は特産品の島でもある．伝統的工芸品である久米島紬のほか，豊かな農業や水産業の生産を基盤に，泡盛，味噌，久米島ブランド牛，クルマエビ，かまぼこ，菓子類などが生産され，全国に出荷されている（●4，●5）．特にクルマエビは1974年に県内初の養殖場が久米島にできて以来，現在4ヵ所の養殖場で生産しており，その生産量，生産額ともに全国一である．2008年には沖縄県から「車エビ拠点産地」の認定を受けた．このほか，2000年に海洋深層水取水施設が完成したことで，水や塩，化粧品などが久米島の新たな特産品として名を連ねることになった．

　現在，日本の離島では島おこしの一環として，島で得られる素材を用いた特産品開発が盛んに行われている．しかし，離島の特産品生産業者は一般的に経営規模が小さく，技術力も低いため，品質や価格に課題がみられるものが多い．そのうえ，ブランド力の弱さから，本土の大消費地への販売ルートの構築もなかなか困難である．そのため，せっかく島で特産品をつくっても，島外であまり売れないという状況がみられる．

　久米島ではこのような問題を解決する方策として，2013年に「沖縄久米島印」という統一ブランドを立ち上げた．これは，商工会と島内食品製造の10事業所が，統一されたコンセプトのもとで開発した久米島の新たな特産品である．商品は，久米島物産公社が取り扱い，全国に向けて販売した．2015年には東京都杉並区に「久米島印商店」というアンテナショップを期間限定で開店させた．このように，島の民間の力を結集した久米島の取り組みは，離島の特産品開発・販売のモデルとなりうるだろう．

［宮内久光］

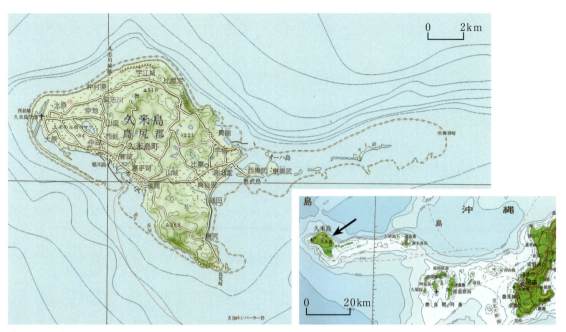

● 1　久米島（20万分の1地形図「久米島」2007年編集，原寸．100万分の1地方図「日本Ⅲ」2010年修正，×0.6）

● 2　久米島紬（久米島町観光協会提供）

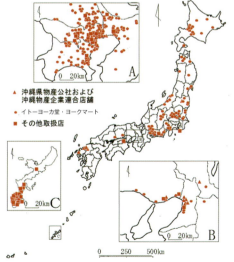

● 4　久米島物産公社の商品を取り扱っている取扱商品販売店の分布

● 3　海洋深層水を利用した「海洋温度差発電実証設備」（沖縄県産業政策課提供）

● 5　久米島の特産品（久米島町観光協会提供）

68．久米島

69 大東諸島 —— 単一企業島の歴史をもつ島々
だいとうしょとう
（沖縄県南大東村・北大東村）

大東諸島は，琉球諸島の東方に位置し，南大東島（30.6 km²・1,329 人）（●1），北大東島（11.9 km²・629 人）（●2），沖大東島（ラサ島 1.2 km²・0 人）（●3）の散在する 3 つの島からなる．いずれの島も中央部分が低く，周囲は高さ20〜30 m の断崖絶壁で囲まれている（●4）．このような地形的制約もあり，長く無人島のままであった．1885 年（明治 18）になって，明治政府は沖縄県に無人島調査を命じ，南北大東島の探検が行われ，この 2 つの島は日本の領土となった．最南端のラサ島は 1900 年（明治 33）になって沖大東島と命名され，わが国に編入された．

南北大東島については，探検後に沖縄県が開拓計画を作成，開拓者を募集し，それに応募したのは，のちに尖閣諸島を開拓する古賀辰四郎など，多くの一攫千金を狙った人々であった．だが，断崖絶壁のため上陸に失敗する者が続くなかで，伊豆諸島の鳥島でアホウドリの捕獲事業を行っていた玉置半右衛門が，アホウドリの絶滅の危機感から新たな生息地を探索中，大東諸島の情報を得て開拓船を南大東島へ派遣した．

八丈島を出港した船は長い航海の末，1900 年に南大東島に着き，人々は断崖をよじ登り上陸したものの，捕獲目的のアホウドリは少なく，玉置のもくろみは外れた．しかし，巨木を切り倒し開拓を進め，サトウキビを栽培した．その後，栽培は進展し，1915 年には 950 ha とサトウキビ面積が拡大，「仲間」と呼ばれる沖縄からの出稼ぎ労働者が大量に導入された．人口は急増し大正時代には南大東島で 3,000 人を突破する．上陸からわずか十数年で南大東島はジャングルの無人島から，サトウキビ農業の島へと変貌した（●5）．

北大東島開拓については，玉置半右衛門は南大東島開拓のため余裕もなく，長く無人島のままであった．明治末に一時，玉置商会がリン鉱を採掘したが，アルミナ含有量が多く，すぐに中止した．同島の本格的な開拓は，大正に入ってからである（●6）．

1916 年（大正 5），南北大東島を経営していた玉置商会は，鈴木商店の斡旋によって，この 2 つの島を東洋製糖に売却した．1900 年の南大東島上陸以降開拓を進めてきた農民は，この突然の売却に対し反対声明は出したものの，結局，南北大東島は東洋製糖の島となり，農民は小作人と規定された．ここでは村制が施行されず，単一企業（製糖会社）が，サトウキビ栽培やリン鉱採掘を行うプランテーション経営の島となり，この状況が終戦まで続いた．戦後になって，やっと南大東村，北大東村と自治体が設置されたのである．

沖大東島（ラサ島）は，日本領土編入後も長く無人島であったが，1910 年（明治 43），肥料鉱物調査所の元技師であった恒藤規隆が借地権を得て，1911 年からリン鉱採掘を開始した．その後，沖大東島は国内唯一といえるリン鉱産出の島となったが，戦時中，軍事要塞化して人々は引き揚げた．戦後は，無人島からアメリカ軍の射爆場となり今日に至っている．

このように大東諸島は，戦前，単一企業島という，会社を頂点とする社会が形成され，島全体が会社の私有地で，会社の私的紙幣が貨幣として流通するなど，治外法権的な歴史をもった特異な島々である． [平岡昭利]

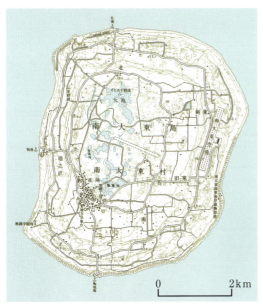

●1 南大東島（5万分の1地形図「南北大東島」2002年修正, ×0.5）

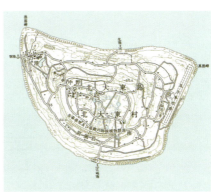

●2 北大東島（5万分の1地形図「南北大東島」2002年修正, ×0.5）

●3 沖大東島（ラサ島）〔5万分の1地形図「南北大東島」2002年修正, ×0.5〕

●4 断崖の海岸で囲まれた南大東島（撮影：大阿久 修氏）

●5 南大東島のサトウキビ畑と散村と集村

●6 東洋製糖北大東島出張所跡

69. 大東諸島　　157

Ⅵ 沖縄

70 宮古島 ── 農業と観光の将来を左右する島外交通

（沖縄県宮古島市）

　宮古諸島の主島である宮古島は，那覇の南西約290 km，石垣島の東北東約130 kmに位置する．宮古諸島には宮古島のほかに7つの有人島がある．このうち多良間島を除く池間・大神・伊良部・下地・来間の5島は宮古島近隣に位置しており，2005年10月に旧平良市と伊良部町，上野村，城辺町，下地町の1市3町1村が合併した宮古島市に属する（●1）．市の人口は，2015年現在5万1,186人で，宮古島だけに限ると人口は4万5,625人である．1985年の人口は4万8,226人だったので，30年間で約5%の人口減である．八重山諸島の主島である石垣島とは2008年度で人口が逆転した．

　宮古島とその北の池間島，西の来間島との間は1990年代に橋で結ばれた（●2，●3）．さらに2015年には，宮古島と伊良部島との間に伊良部大橋が完成した．伊良部島と下地島の間にある海峡には既に6つの橋が架かっているため，大神島を除く近隣4島が宮古島と橋で結ばれたことになる．

　宮古島は隆起サンゴ礁からなる台地状の平坦な島で，表土である島尻マージ（赤土）の下には透水性の高い琉球石灰岩の厚い層があり，その下部に不透水層である島尻層泥岩がある．年降水量は約2,000 mmもあるが，降水の大部分が地下に浸透するか，蒸発してしまうため，たびかさなる水不足や干害に悩まされてきた．しかし，1990年代には，地下の琉球石灰岩層内にコンクリート壁を築き，豊富な地下水をせき止める砂川地下ダムと，福里地下ダムが完成し，安定した水供給が可能になった．

　地下ダムの完成は，農業に大きな恩恵をもたらした．スプリンクラーによる灌水が可能となったことで，基幹作物であるサトウキビの収量が増加した（●4）．また，タバコやマンゴー栽培面積も拡大した．タバコは3～6月に収穫できるため台風被害を受けにくいことと，日本たばこ産業株式会社（JT）が島内で買い上げるため，輸送費もかからないことが栽培の拡大を後押しした．しかし，喫煙者の減少に加え，2011年には5月という早い時期の台風2号の来襲で甚大な被害を被ったことから，2005年以降150戸台で推移してきたタバコ栽培農家数が130戸まで，610～620 ha台で推移してきた収穫面積が550 ha前後まで減少した．

　マンゴー栽培は1990年代から拡大した（●5）．2000年代半ばには，東国原英夫・元宮崎県知事が宮崎産マンゴーを積極的にPRした波及効果によって，マンゴーの知名度は上がったが，その生産量は沖縄県が圧倒的に第1位である．2013年の生産量は沖縄県1,597トン，宮崎県1,126トン，鹿児島県446トンであった．市町村別では宮古島市が全国一の生産量を誇る．さらに品質のよさが認識され，秀品は1 kg当たり5,000～8,000円で取引されるようになった．近年ではインターネットと宅配便を利用して，消費者への直売を行う農家も増えてきた．

　マンゴーの収穫期（6～8月）は観光シーズンと重なるため，飛行機に搭載する旅客の手荷物が多く，貨物の搭載量が限られる．このため，収穫のピークにはマンゴーの空輸を目的とした臨時便が宮古－那覇間に運航されることもある．また，

● 1　宮古島（電子地形図20万「宮古島」2015年調製，×0.75）

● 2　大神島と池間大橋

● 3　来間島からみた来間大橋と宮古島

● 4　サトウキビ畑に灌水するスプリンクラー

● 5　マンゴーのハウス

Ⅵ 沖縄

70. 宮古島

台風来襲時にはハウスの破損や落果などの直接的被害以上に，飛行機の欠航によってマンゴーが長期間積み残され，商品価値が落ちることが懸念されており，積み残しによる間接的被害は1農家で数百万円に及ぶこともある．2014年7月の台風8号接近時には，全国で初めて台風に対する特別警報が発令されたこともあり，自衛隊のヘリコプターが，那覇までマンゴーを空輸するという異例の措置もとられた．

近年，宮古島をはじめとする宮古諸島では観光業の発展も著しい．元来，宮古諸島は八重山諸島に比べると観光客が少なく，1990年の観光入込客数は八重山諸島32万7,104人，宮古諸島15万7,749人と，大きな差がみられた．しかし，1993年には20万人，1999年に30万人を超え，2005年には39万9,298人を数えた．2006年度以降は，台湾からのクルーズツアーの休止や景気低迷，新型インフルエンザ流行の影響でいったん減少したものの，2010年度には40万4,144人となり，宮古島市が当面の目標としてきた40万人台に達した（●6）．

観光客増加の要因としては，観光の閑散期における入込客増加が挙げられる．宮古諸島の人気観光スポットのほとんどは，宮古島の与那覇前浜（●7），砂山ビーチ，保良川ビーチ，新城海岸，吉野海岸，東平安名崎（●8）や，伊良部島の渡口の浜，通り池，池間島，来間島など沿岸部に集中している．このため，2000年代前半までは観光客の多くが海水浴やマリンスポーツを楽しめる夏休みや，大潮の干潮時に巨大なサンゴ礁・八重干瀬が海面上に現れる3月に集中し，梅雨に入る5,6月と10,12月が閑散期となっていた．しかし，近年，冬季は避寒や花粉症回避のために訪れる中高年の長期滞在客が増えたことや，プロ野球のオリックス・バファローズ，サッカーJ2リーグの横浜FCなどのキャンプ誘致によって観光客が増加した．

また，梅雨期の前後には「全日本トライアスロン宮古島大会」，「ビーチバレー宮古島大会」，「MIYAKO ISLAND ROCK FESTIVAL」，「ツール・ド・宮古島」など集客力の高いイベントを毎年開催することで誘客を図ってきた．

宮古島を訪れる観光客の多くは，長く那覇－宮古－石垣－台湾を結ぶ先島航路を利用してきた．特に，島めぐりをする若者は，飛行機よりも運賃が安い先島航路を多用した．しかし，先島航路の旅客輸送は，2008年6月に休止され，航空路線が島外と島とを結ぶ唯一の定期旅客輸送手段になった．

航空路線をとりまく状況も近年，目まぐるしく変化している．2011年にはスカイマーク・エアラインズ（SKY）が宮古－那覇線に参入し，先行他社を大幅に下回る運賃を設定したため，先行3社（JTA，ANA，RAC）も相次いで航空運賃の値下げに踏み切った．これにより，離島路線の割高感が払拭されたことに加え，円高で海外の競合観光地への旅行費用が割高になったことなども，観光客の増加にも結びついた．

2013年3月7日には新石垣空港が開港し，ANAの石垣－羽田・中部線，Peach Aviationの石垣－那覇・関西線，チャイナエアラインの石垣－台北線が相次いで新設された．この結果，新石垣空港と宮古空港の利便性には大きな差が生じた．こうした差は観光客の入り込みにも影響を及ぼした．2013年度における宮古諸島の観光入込客数は40万391人で前年比3.2％減となったのに対し，八重山諸島は32.6％増の98万4,186人となり，50万人近い差が生じた（●6）．

しかし，伊良部大橋開通後はANAの宮古－関西線の再開，宮古－羽田・中部線の新設，外国クルーズ船の平良港寄港によって，観光入込客数が増加してきた．近年では，繁忙期に航空便のほとんどが予約で満席となり，急用がある島民が搭乗できない場合もある．また，出発便が集中する時間帯は，空港のカウンターや搭乗待合室が大混雑する．乗客の手荷物の増加で，航空貨物の輸送力も逼迫しており，生活物資や島の特産物の輸送への悪影響も懸念される．　　　　［助重雄久］

❻ 観光入込客数の推移

❼ 宮古島南西の与那覇前浜

❽ 宮古島東端の東平安名崎

70. 宮古島　161

Ⅵ

沖縄

⑦ 石垣島 —— 人口増加が著しいインバウンド観光の島
いしがきじま
（沖縄県石垣市）

石垣島は那覇市から南西約410 kmに位置し，面積は222.6 km²である．これは沖縄県内の離島では，西表島に次いで大きい．島の中央には沖縄県内最高峰の於茂登岳（526 m）がそびえ，北東に向かって桴海於茂登岳，野底岳，安良岳と300〜400 m級の山々が連なり，その稜線は島北端の平久保半島まで続く．一方，島の南部は海抜100 m以下の低地と台地が卓越し，名蔵川の河口のアンパルや，宮良川河口は低湿地が広がり，マングローブ林がみられる．島の周囲には，海岸線から500〜1,500 m程度の幅でサンゴ礁が裾礁となって発達している（●1）．

白砂のビーチ，マングローブ林の湿地，石灰岩の海食崖が交互に現れる自然海岸は，後背の常緑広葉樹の山々と，全面に広がるコーラルブルーに輝く礁湖（ラグーン）とが一体となって，多様性に富むこの島独特の熱帯的景観を構成している．

石垣島の年平均気温は24.3℃で，これは気象庁の全観測地点のなかでは国内最高値である．年平均降水量は2,106.8 mmで，全国でも雨の多い地域に含まれる．最寒月の1月でも平均気温は18.6℃に達するため，ケッペンの気候区分では熱帯雨林気候（Af）に分類される（●2）．このように，日本で最も暖かく，太陽エネルギーを多く受ける湿潤な自然環境のもとで，生命活動はきわめて旺盛である．

植物分布をみると，於茂登岳から平久保半島までの山々はケナガエサカキースダジイ群集で占められている．特に，ケナガエサカキは石垣島と西表島にしか生息していないバラ科の固有種である．南部の低地・台地にはリュウキュウマツ，テ

リハボクなどの造林地が多くみられる．アンパルや宮良川河口の汽水域には，オヒルギ，メヒルギ，ヤエヤマヒルギなどのマングローブ林が生育している．このうち，アンパル湿原はラムサール条約に登録され（●3），宮良川のヒルギ林は国指定天然記念物に指定されている．

島の動物相も豊かである．陸域では，リュウキュウイノシシをはじめ，ヤエヤマオオコウモリなどの哺乳類，特別天然記念物に指定されているカンムリワシなどの鳥類，セマルハコガメ（国指定天然記念物）などの爬虫類，国内希少野生動植物種に指定されているイシガキニイニイなどの昆虫類など，多様な動物が生息している．さらに海に目を転じると，石垣島と西表島の間のサンゴ礁の海である石西礁湖には，360種を超える造礁サンゴが分布しており，生物多様性を示す世界でも貴重な海域となっている．

このような豊かな自然環境の石垣島には，4万7,564人（2015年国勢調査）の人々が生活をしている．日本の離島では，淡路島，天草下島，奄美大島，佐渡島に次いで，5番目に人口が多い．石垣島の人口推移の特徴として，1975年（昭和50）の3万4,657人以降の5年ごとに行われる国勢調査結果がすべて前回調査時の人口を上回っていることが挙げられる．これは，人口減少に伴う過疎化，少子高齢化に悩む日本のほとんどの離島とは異なる動きである（●4）．石垣島の人口増加は，堅調な自然増加に加えて，多くの年で島外からの転入者数が島外への転出者数を上回る社会増加がみられることによる．

石垣島への転入者は，島外に出ていた石垣島

❶ 石垣島（20万分の1地形図「石垣島」2010年要部修正, ×0.9）

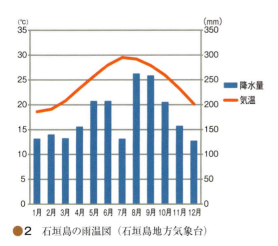

❷ 石垣島の雨温図（石垣島地方気象台）

❸ アンパル湿原

Ⅵ 沖縄

71. 石垣島　　163

出身者が島に戻るUターン者と，おもに大都市出身者が石垣島に移住するIターン者に大別される．統計上，転入者数から両者を区別して人数を把握することはできないが，Uターン者は「地元志向」の高まりを受けて確実に増加していること，2000年代に入り「石垣移住」と呼ばれるIターン現象が顕著になったこと，が指摘されている．

特に，大都市圏からのIターン者は，20歳代の青年層から65歳以上の高齢者まで幅広い年代となっている．Iターン者の多くは，マリンスポーツに親しんでおり，石垣島の海の素晴らしさに惹かれて移住している．このほか，ゆったりと流れる「島の時間」への憧れ，親切な島の人々の存在，日常生活に必要な商業施設やサービス事業所が一通り立地している充実した都市機能，なども移住理由といわれる．Iターン者は，市街地とその縁辺部のアパートや賃貸マンションに住むグループと，島の北部海岸に面する集落で戸建て住宅に住むグループに大別される．後者の方が石垣移住に強い意志と永住性を有しており，なかにはIターン者世帯だけで構成される山原地区のような移住者集落も出現した（●6）．

このように増え続ける人口を支える経済基盤が島の産業である．石垣島の産業構造を明らかにするために，2015年国勢調査結果から全国の産業構成比との特化係数を算出してみると，漁業の特化係数4.0を筆頭に，農業（2.3），飲食店・宿泊業（2.3），公務（1.9），生活関連サービス業・娯楽業（1.3）などの産業が卓越していることがわかる．これは一般的な離島の産業構造と大きく変わらないが，このうち，農業と飲食店・宿泊業において，大規模経営も行っていることが石垣島の特徴である．

農業に関しては，戦前・戦後を通じて，台湾や沖縄県内から多くの開拓民が入植した．特に戦後の米軍統治下，沖縄本島や宮古島などにおける深刻な食料不足を解消するために，琉球政府は八重山開拓移住計画を推進した．1957年までに新しい開拓村が次々と誕生し，3,385人が入植した（●5）．開拓者たちはマラリアや台風・干ばつなどの自然災害，開墾資材や生活資金の不足などを乗り越え，現在は生産基盤を整備充実させ，農家一戸当たり平均耕地面積5.6 haという広い経営耕地で，大型機械を用いた大規模経営を行っている．

石垣島の個別農産物産出額（2015年）は，1位が肉用牛で全体の59％を占め，次いでサトウキビなど工芸農作物（15％），乳用牛（6％），パイナップルなど果実（5％），野菜（5％）と続く．すなわち，耕種と畜産の混合形態が島の農業の基本となっている．肉用牛はブランド牛として近年「石垣牛」が有名になってきているが，島では肥育農家は少数で，種付けから出産，子牛の保育を生後8ヵ月まで行う繁殖農家が多い．

飲食店・宿泊業が卓越する石垣島は，観光産業が盛んである．観光客は日本本土とは異なった島の自然環境や景観に惹かれて，石垣島に四季を通して訪れる．安く石垣ステイを楽しむ若者向けの小規模簡易宿泊施設から，高所得者層向けの高級リゾートホテルまで，島の宿泊業はどのような客層にも対応できる宿泊施設が整備されている．

2013年3月に新石垣空港（愛称・南ぬ島石垣空港）が開港した．中型ジェット旅客機の離着陸が可能となった新空港開港により，羽田，中部，関西，福岡，さらには台北や香港からの直行便が運航されるようになった．これに加えて，2007年以降に石垣港に寄港する外国からのクルーズ船が増加の一途をたどり，2011年（42回）と2013年（59回）の外国客船の寄港回数は全国一位であった．2017年の寄港数は129回を数え，これは博多港，長崎港，那覇港に次いで全国第4位であった（●7）．クルーズ船が入港すると，一度に1,000人以上の乗客が石垣島に上陸し，市街地を中心に島内を観光し，島はにぎわいをみせる。

海路から，空路から多くの観光客が石垣島を訪ねるようになった結果，2017年の石垣島入域観光客数は138万人を記録し，過去最高となった．

[宮内久光]

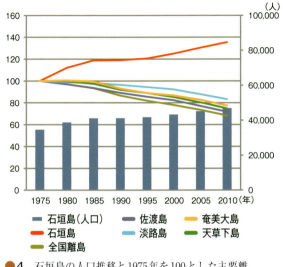

● 4 石垣島の人口推移と1975年を100とした主要離島の人口指数

● 5 戦後石垣島で開拓された入植地

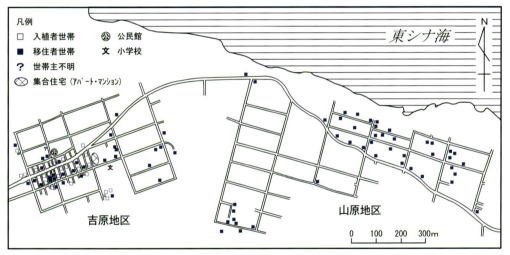

● 6 吉原地区の属性別世帯分布（又吉祥一郎2011．東京学芸大学大学院教育学研究科 修士論文より作成）

● 7 外国船社が運航するクルーズ船の寄港回数

順位	2009年 港湾名	回数	2011年 港湾名	回数	2013年 港湾名	回数	2015年 港湾名	回数	2017年 港湾名	回数
1	那覇	50	石垣	42	石垣	59	博多	245	博多	309
2	長崎	45	那覇	37	那覇	41	長崎	128	長崎	262
3	石垣	32	博多	26	長崎	35	石垣	105	那覇	217
4	博多	28	長崎	17	横浜	32	那覇	79	石垣	129
5	広島	22	横浜	9	博多	19	鹿児島	51	宮古島	129
6	鹿児島	22	鹿児島	8	神戸	18	神戸	42	鹿児島	98

71．石垣島　165

VI 沖縄

72 竹富島 —— 新しく創られる赤瓦の伝統家屋
（沖縄県八重山郡竹富町）

　竹富島は南北に長い卵形の形をしており，面積は 5.42 km²，海岸線延長は 9.2 km の小さな島である．島は隆起サンゴ礁でできているため，最高標高は 33.1 m に過ぎず，地表面は起伏がほとんどみられない．石灰岩質の低平な地表面は，土壌の層が薄く透水性が高いため乾燥しやすい．このような制約下で島の自然植物の種数は 174 に過ぎない．土地利用は，島の面積の半分以上はギンネム林であるほか，島の南部や北部には放牧場が広がる（●1）．

　島の中央部には，西集落（インノタ），東集落（アイノタ），仲筋集落（ナージ）と呼ばれる 3 つの集落が連接している．集落内の小道は舗装されておらず，美しい白砂が敷き詰められている．小道に面して，高さ 150 cm 前後の琉球石灰岩の石垣がめぐらされており，その石垣越しにみえる赤瓦を，漆喰で固めた低い屋根の木造家屋が軒を連ねている．屋敷の入り口には目隠しとなる「ヒンプン」が，赤瓦の屋根の上には「シーサー」が置かれている．どちらも中国伝来の魔除けの役割がある．家屋の周りには防風林の役目を果たすフクギが植えられ，緑の森を形成している．このような沖縄の伝統的な集落景観は高い評価を受け，1987 年に重要伝統的建造物群保存地区に選定されている．

　ただ，この伝統的な沖縄らしい集落景観は，沖縄の日本復帰後から 40 年間をかけて島の人々が創り上げてきた「目指すべきイメージ」でもある．元々この島の家屋の屋根は，島内の草地で入手できる茅（かや）でふかれていたが，戦後はコンクリート瓦が普及した．それが，1972 年の日本復帰前後に本土資本がリゾート開発のために島の土地を買い占めるという事態に対して，島の住民たちが危機感をもち，島を外部資本から守る運動を起こすようになる．

　1986 年に，島の自治組織である公民館議会において，伝統文化の保存と活用を基本理念に掲げた竹富島憲章が承認された．この憲章のなかに，「建物の新・改・増築，修繕は，伝統的な様式を踏襲し，屋根は赤瓦を使用する」「屋敷囲いは，サンゴ石灰岩による従来の野面積み（のづら）とする」「道路，各家庭には，年 2 回海砂を散布する」などが明記された．1994 年には，望ましい家屋形態が具体的に示された「竹富島景観形成マニュアル」が作成され，島の人々はこれに基づいて，家屋の新築・改築を行うようになる．また，竹富小・中学校や NTT 竹富電話交換局にも赤瓦が使用された．2018 年 5 月現在で，「重要伝統的建造物群保存地区」内の建造物 284 棟のうち，7 割を超える 203 棟までが赤瓦屋根となった（●2）．

　このような島をあげての町並み保存運動の結果，竹富島の観光地としての評価は高まり，日本本土から「沖縄の原風景」を求めて多くの観光客が訪れるようになった．2009 年には「ミシュラン・グリーンガイド日本編」において，竹富島は 2 つ星に，西海岸のカイジ浜は 1 つ星に格付けされた．これにより，海外からの観光客も近年著しく増加している．観光客を受け入れる島の宿泊施設は，これまで島の住民が経営する民宿やペンションなど小規模宿泊施設しかなかったが，2012 年には島の東側と北側に外部資本によるコテージタイプの宿泊施設がオープンして，観光客の選択の幅が広がってきている．　［宮内久光］

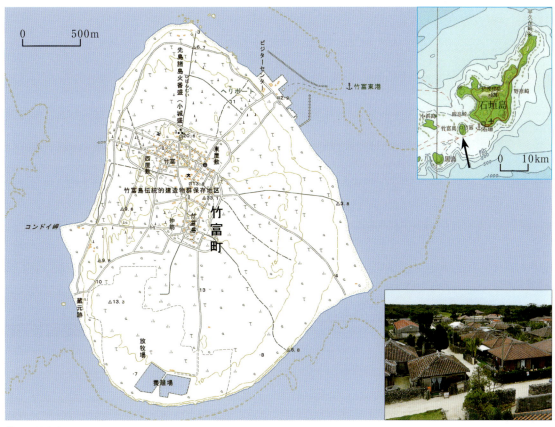

● 1 竹富島（電子地形図25000「竹富島」2017年調製，×0.8．100万分の1地方図「日本Ⅲ」2010年修正，×0.7）

Ⅵ 沖縄

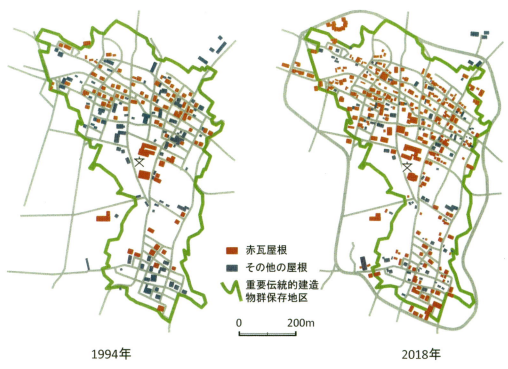

1994年　　　　　　　　　　　2018年

● 2 竹富島集落内の家屋の屋根色（空中写真より作成）

72. 竹富島　　167

73 鳩間島 ——『瑠璃の島』放映による観光地化

(沖縄県竹富町)

　沖縄県八重山郡竹富町にある鳩間島は，西表島の北約5.4kmに位置する人口46人（2015年国勢調査）の島である（●1）．島内には美しいビーチがあり（●2），集落にはフクギに囲まれた家屋が今も残っている（●3）．診療所，交番，消防署などはなく，公的施設は鳩間小中学校のみである．鳩間コミュニティセンター（鳩間公民館）は島の人々が自主運営している．

　戦前から鳩間島の主産業であったカツオ漁業は1960年代から不振に陥り，島の経済活動は長い間停滞していた．しかし，2005年に，「山村留学」に類似した「海浜留学」の子供として都会から鳩間島へやって来た少女を主人公としたドラマ『瑠璃の島』が放映された後，急激な観光地化の波が訪れた．島には10軒の民宿・ペンション（うち7軒が2006年以降の開業）をはじめ，食堂や喫茶店，マリンスポーツ店などが次々と開店し，観光業が島の主産業となっている．

　鳩間集落の高台一帯は鳩間中森と呼ばれ，鳩間灯台と遠見台がある．遠見台とは琉球王国時代に中国への進貢船の航行や異国船の到来を監視した場所である．中森のすぐ近くには，友利御嶽がある．鳩間島は音楽や芸能活動が盛んで，沖縄民謡「鳩間節」はこの島から生まれた．「芭蕉布」の作詞者・吉川安一も鳩間島出身である．現在，島内には，民謡歌手が数名在住している．

　戦前のカツオ漁業の盛んな頃は，人口も多く鳩間島に数百人が暮らしていた．1949年に700余人でピークとなったが，その後は減少を続け，日本復帰（1972年）から2年後の1974年には21人まで減少した．この段階で島の人々は，廃村を現実のものとして意識するようになった．人口減少の要因は，大型台風や干ばつなどの自然災害の影響，水道は1980年まで完備されず，電気は1983年になって24時間給電が可能になるなど日常生活の不便さといったプッシュ要因のほか，1960年代初期から日本本土が高度経済成長期を迎え，労働力の需要が高まり就業機会が増加するというプル要因も挙げられる．

　人口が激減し，鳩間中学校は1974年度から10年間廃校となった．また小学校は2013年度，2009年度を含め過去4度廃校の危機に陥った．鳩間島では，過疎化による廃校が引き起こす地域社会の崩壊を防ぐため，学校存続を強く望む多くの住民により，親戚の子どもを呼び寄せて通学させた．また，里子として沖縄本島から施設の子どもを，さらに「海浜留学」という形で全国各地から子どもを受け入れ，どうにか学校を維持してきた（●4，●5）．

　これまでわずかだった入域観光客数はその後急激に増加し，2008年には1万106人となっている（●6）．観光客の増加は『瑠璃の島』放映の影響が大きいが，石垣港から高速船の運航開始といった交通アクセスの改善も要因として挙げられる．このほか，鳩間島音楽祭，豊年祭，運動会，はとまの日，結願祭など，鳩間島は祭祀やイベント，学校行事が多く（●5），これらに参加するため出身者の帰省機会が多い．さらに各行事に，多くのリピーターが参加または見学するため来島することも観光客増加の要因である．　　　[堀本雅章]

❶1 鳩間島（2万5000分の1地形図「鳩間島」2012年修正，原寸）

❷2 鳩間島の美しい海

❸3 集落の景観

❹4 海浜留学生も通う鳩間小中学校

❺5 多くの島民が参加する学校行事

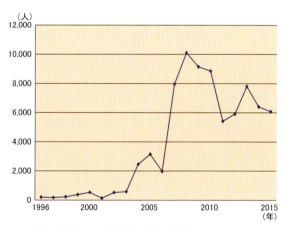
❻6 鳩間島の入域観光客数の推移
（竹富町ホームページに基づき作成）

Ⅵ 沖縄

73. 鳩間島　169

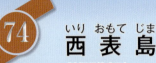

74 西表島（沖縄県竹富町） ── 開発から自然保護との両立を目指す島へ

　西表島は，南西諸島の南端に位置し，八重山郡竹富町に属する．島の西部には，東経123度45分6.789秒という並びのよい数値の経線が通っている（●1）．島の面積は289.3 km^{2}で，沖縄島に次いで県内第2位の広さであるが，人口は2,314人（2015年）しか居住しておらず，人口密度（8人/km^2）はきわめて低い．

　島の集落は西部地区（船浦～舟浮の9集落）と東部地区（豊原～美原の5集落）に分けられ，舟浮と住吉を除けば，すべての集落が県道215号白浜南風見線沿いに位置している．

　西部地区の上原港から1日8便（所要時間45分），東部地区の大原港からは11便（同40分）の高速船が，石垣島離島ターミナルに向けて就航しており（2018年），石垣島との交通アクセスは充実している．一方，両地区の間は山で隔てられており，かつては山道を徒歩で越えるか，旅客航路で石垣を経由する必要があった．

　1977年の北岸道路（県道215号線）開通によって，初めて両地区は車両で移動可能となり，「1つの島」となった．しかし現在でも島の西に位置する舟浮は，陸からの道路が存在せず，白浜からの航路でのみ結ばれている．

　現在，西表島は亜熱帯性の豊かな自然の存在が全国的に知られる著名な観光地であるが，訪れる観光客が増加し，観光が島にとって大きな産業となったのは，おおむね1972年の沖縄の日本復帰後からである．それ以前の西表島にとっては，農地の開発が大きな課題であった．

　豊かな水や広大な森林をもつ西表島の開拓は，琉球王国時代から試みられていた．しかし，西表島はマラリアの有病地であり，定住は困難であった．このため鳩間島や新城島など，周囲の島々から西表島へ通って稲作を行う通耕が行われていた（●2）．18世紀前半からは琉球王府による入植が行われるが，定着しなかった．

　本格的に開拓が始まるのは，戦後の米軍統治時代に入り，マラリアの撲滅が進んだ後である．1952年からは，当時の琉球政府による計画に基づいて開拓が進められた．島内の各地に，大富や豊原，住吉といった開拓地であったことを偲ばせる地名の集落がみられる．

　一方，イリオモテヤマネコの学術上の発見などによって1960年代後半から自然保護への機運が高まり，1972年の日本復帰を機に西表国立公園（現在は西表石垣国立公園）に指定された．中央部の森林地帯を横断する道路の建設が中止され，開発と自然保護との両立が新たな課題となった．

　一連の変化のなかで，島おこし運動やエコツーリズムを通じて，自然保護と両立する観光を目指す試みが続けられてきた．1996年にエコツーリズムへの理念に賛同する住民を中心に，西表島エコツーリズム協会が発足した．協会にはカヌー・カヤック事業者，ダイビング事業者，ツアーガイド，観光船事業者などが加盟しており，環境に配慮したエコツアーを実施している（●3）．

　一方，2013年の新石垣空港開港は，西表島においても観光客の大幅な増加や，それに伴う宿泊施設の建設などの結果をもたらしている．多くの観光客を受け入れ島を支える産業として成長させつつ，観光資源である自然景観をいかに保護するのか，今改めて問われている．　　［一柳亮太］

● 1 西表島（20万分の1地形図「石垣島」2010年要部修正，×0.9）

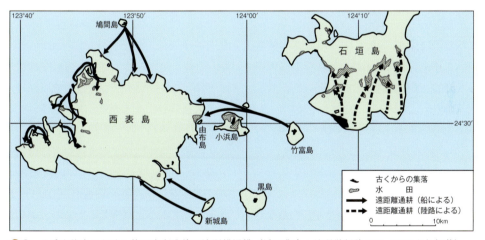

● 2 八重山諸島における第二次大戦前の遠距離通耕（浮田典良：地理学評論47-8，1974より転載）

● 3 エコツアー

74. 西表島　●　171

75 波照間島（沖縄県竹富町）── 南十字星がみえる日本最南端の有人島

　波照間島は，八重山諸島の石垣島から南西へ約 50 km に位置する日本最南端の有人島である．面積は 12.77 km², 島の周囲は 14.8 km あり，楕円形をしている（●1）．

　波照間島は琉球石灰岩の地質で形成され，3 段のサンゴ礁段丘が形成されている．島の南東部には，「高那バリ」と呼ばれる断層地形に付された地名も残る．付近の高那崎には「日本最南端の碑」が設置されている．ここは北緯 24 度 02 分 29 秒と北回帰線に近いため，夏至の日の南中時刻には太陽はほぼ頭上にくる．また，低緯度のため，12〜6 月の夜間には南の水平線上に南十字星をみることができる．

　島の中央部付近に，名石，前，南，北の 4 集落があり，これら集落の西側には富嘉集落がある．島の人口は，国勢調査（2015 年）によれば，493 人（男 272 人，女 221 人），世帯数は 224 戸である．0〜14 歳までの年少人口が 86 人，65 歳以上の高齢者が全人口の 27 ％の 131 人を占めており，島外への人口流出と高齢化が進行している．

　波照間島には，島の由来・歴史にかかわる多くの御嶽・拝所が残されている（●2）．御嶽では，神女を中心に厳粛な雰囲気のなかで，ヌブリィに代表される「天候願い」，クムリィと呼ばれる「雨乞い儀礼」など，多くの神行事が執り行われている．これら祭祀行事は，古の波照間島住民の精神世界や生活様式が凝縮され，住民たちの心の拠り所となっている．

　波照間島のほぼ中央部に位置する 4 集落の景観をみると，御嶽・拝所を「腰当て」にして，おおよそ北東−南西ライン，南東−北西ラインのゆるい曲線の道路が集落内を通っている．この道に合わせて屋敷地の方位は，おおむね民俗方位でいうところの南向き，自然方位では南西向きを示している．

　さらに，格子状の狭い道路と道路の間には，高く積まれた石灰岩の石垣があり，それとセットでフクギを中心とする，イヌマキ，アコウ，リュウキュウコクタンなどの屋敷林が，民家を取り囲んでいる．この屋敷景観は，夏と冬に変わる風の向き，頻繁に接近する台風などに対応するための「伝統知」の産物である（●3）．

　また，波照間島では，琉球石灰岩で形成された土地ゆえに，降った雨の多くは地下に浸透する．そのため地表水の確保は容易ではなく，水不足が深刻で，簡易水道が普及する以前は，おもに湧き水と井戸による水利用であった（●4）．サトウキビ作を中心とする現在の農業経営以前は，天水を利用した稲作栽培も集落周辺で行われていたが（●5），雨水が浸透しやすい石灰岩の地質のため，地表面に水を溜める稲作栽培には不向きであった．これをカバーするための労働の負担が大きかった．

　ある古老の話によれば，戦前期は天水を畑に引く前の作業として，まず牛の力を使って土を掘り起こし，その土を人力で 2 度ほど広げてならしながら，農作業で刈り取った草木なども土と一緒に石灰岩の空隙に埋め込んでいった．「踏耕」と呼ばれる栽培方法である．このように波照間島は，自然と人間の葛藤の歴史を垣間見ることができる島なのである．

［崎浜　靖］

● 1 波照間島（電子地形図25000「波照間島」2017年調製，×0.55）

● 2 島内の新本御嶽

● 3 石垣とフクギに囲まれた屋敷景観

● 4 島内に残る井戸

● 5 天水を利用した稲作が行われていた畑

Ⅵ 沖縄

75．波照間島

76 与那国島 ——台湾を望む日本最西端の島
（沖縄県与那国町）

　与那国島は，八重山地方の中心地である石垣市から127 km西方に位置する日本最西端の島である．島の周囲は27.5 km，面積は28.9 km^{2}で（●1），人口1,489人（2015年）である．島外とは，久部良港から週2便の船便によって石垣と結ばれているが，島の人々の日常生活では，石垣に1日2〜3往復，那覇に1往復の琉球エアーコミューターの航空路線がおもに用いられている．

　島の東部には，標高231.4 mの宇良部岳，西部には，195 mの久部良岳をはじめとする山々が存在し，中央部には盆地もみられる．山々から流れ出す川の河口部に，北の祖納，西の久部良，南の比川の3集落が存在する．集落は幾度かの移動を伴う変遷を経て現在の3集落となった．

　祖納には町役場をはじめ，島の中心地としての機能が集積している．久部良は1900年頃から沖縄本島の糸満や鹿児島県，宮崎県より移り住んだ漁民の定着により生まれた漁業集落である．比川は農業を中心とした集落である．各集落に小学校があり，中学校，郵便局，駐在所は祖納と久部良のそれぞれに設置されている．さらに祖納には，食品スーパー，JA支店，診療所，歯科医院が立地する．このほか，沖縄地区税関の与那国監視署や石垣海上保安部の与那国駐在所といった国の機関が置かれ，2016年には南西諸島の防衛力強化を目的に，陸上自衛隊与那国駐屯地が設置された．小規模な離島でありながらも，これらの機関が置かれているという事実から，国境としての与那国島の役割が読み取れる．

　一方で，島内には高等学校や病院は存在せず，進学や入院を要する治療のためには，都市機能が充実している石垣島や沖縄本島へ出向く必要がある．与那国島に限らず，離島においてはこのような高次の財やサービスへのアクセスが大きな課題となっているが，最も近隣の中心地である石垣までも航空路で往復しなければならない与那国の島民は，より大きな経済的負担を負っている．

　このように，現在では国内交通網の末端に位置するともいえる島であるが，日本が台湾を統治していた1945年までは，住民は石垣よりも台湾へ日常的に往復し，台湾との間に経済，文化的に強いつながりが生まれていた．

　台湾との関係において，与那国島が最も注目されるのは，1945年の敗戦後から1950年にかけて，久部良港を拠点にこの島が密貿易の舞台となった時期である．戦後は沖縄が米軍の支配下に置かれ，台湾が中華民国の帰属となり，沖縄と台湾が分断された．そのため，国境の島である与那国島が，台湾と沖縄を結ぶ密貿易の拠点となったのである．当時の人口は6,000人を超え，久部良港周辺は大いににぎわった．

　その後，米軍の取り締まりが強まるにつれ密貿易は衰えるとともに人口も減少した．以後の与那国島は，農業，畜産業（●3）および漁業の第1次産業が中心の島に戻った．農業はサトウキビや稲作中心であったが，近年では健康食品の原料とされるボタンボウフウ（長命草）の栽培も盛んである．漁業では沖縄県内で漁獲高が最も多いカジキマグロを中心に，クルマエビの養殖なども行われている．伝統的な産業としては，与那国花織や泡盛（●4）が有名であり，牧場では在来種の与那国馬が飼育されている（●2）．

［一柳亮太］

● 1　与那国島 〔5万分の1地形図「与那国島」1990年修正, ×0.6〕

● 2　放牧されている与那国馬

● 3　島の東側は牛の放牧地が広がる

● 4　特産の泡盛, 土産用のクバ巻瓶の製造

76. 与那国島　●　175

索　引

あ　行

Iターン　5,84,134,164
愛知三島　40
アイヌモシリ　10
赤瓦　166
アカコッコ　30
明石海峡大橋　46
赤米　122
安芸灘とびしま海道　72
安芸の宮島　78
悪石島　128
アサギマダラ　112
アホウドリ　38
海女　24,94,96
天草諸島　116
奄美大島　130
奄美群島　130,134,136,138,140,
　142
アマミノクロウサギ　138
淡路島　44
粟島［香川県］　58
粟島［新潟県］　18
アワビ　24
泡盛　154,174
安納イモ　122

家島（本島）　48
伊江島　146
家島諸島　48
家プロジェクト　52
硫黄島［鹿児島県］　126
硫黄島［東京都］　34
一支国　94
壱岐焼酎　94
生月島　102
壱岐島　94
伊計島　148
池間島　158
石垣牛　164
石垣島　162
石船　48
移住　80,84,100,104,165
伊豆大島　26
伊豆諸島　26,28,30,32

伊是名島　144
厳島　78
厳島神社　78
伊吹島　60
伊平屋島　144
移民　10,80,98,122,148
伊良部島　158
西表島　170
イリオモテヤマネコ　170
いりこ　60
イルカ　116
岩城島　66
因島　64
因島大橋　64
インバウンド　90

宇久島　104
牛島　56
御嶽　168,172
ウニ　6,8
ウミガメ　124,140
「海の時代」　2
ウミホタル　58
裏しまなみ海道　72
浦戸諸島　14

エコツーリズム　170
江田島　76
エミュー　88
遠隔診断　36
塩田　68

奥尻島　12
大神島　158
オオコウモリ　162
大崎上島　70
大崎下島　72
大島［奄美──］　130
大島［伊豆──］　26
大島［香川県高松市］　54
大島（屋代島）［周防──］　80
大島紬　130
大鳴門橋　46
大三島　68
小笠原諸島　34,38
隠岐諸島　84

沖大東島（ラサ島）　156
沖永良部島　140
小値賀島　104
オチョロ船　70,72
おのころ島　44
オリーブ　50
小呂島　96

か　行

海員学校　58
海運業　58,70,72
海軍兵学校　76
海上タクシー　144
開拓移住　100
海中道路　148
海底水道　110
海浜留学　168
海洋深層水　154
花卉園芸　32
カキ養殖　14
隠れキリシタン　102
加計呂麻島　134
花崗岩　62,124
笠岡諸島　62
火山島　26,30,126
臥蛇島　134
化石　116
過疎　4,60
カタクチイワシ　60
カツオ漁業　168
ガット船　48
桂島　14
カトリック集落　98,100
カノコユリ　120
上甑島　120
神島　42
上島［天草諸島］　116
寒霞渓　50
柑橘栽培　74,80
環境保全型農業　22
監的哨　42

鬼界ヶ島　126
鬼界カルデラ　126
喜界島　136

索　引　177

キク 146
北木島 62
北大東島 156
北のカナリアパーク 6
キツネ踊り 112
キビナゴ 120
救難飛行艇 36
キリシタン洞窟 106
切り葉生産 32

グアノ 38
くさや 30
具志川島 144
九十九島 100
口之島 128
口之島牛 128
久米島 154
久米島紬 154
暗川（くらごう） 140
来間島 158
クルマエビ養殖 112,154
呉海軍工廠 76
黒潮 26
黒島 100
軍艦島（端島） 110

ケイビング 140
芸予諸島 64,66,68,70,72
ケナガエサカキ 162
玄海諸島 98
遣唐使 104

鉱山集落 20
高山植物 6
鉱山都市 110
格子状集落 152
「神戸の壁」 46
港湾整備事業 16
国内移住者 80
興居島 74
古事記 44
甑島列島 120
御所浦島 116
小宝島 128
コタン 10
国境 6,90,142,174
五島列島 104
ゴマ 136
コンブ 6,8

さ　行

採石 48,62
坂手島 42

先島航路 160
佐久島 40
さざえカレー 86
薩摩硫黄島（硫黄島） 126
サツマイモ 122
サトウキビ 122,136,138,140,156,
　158,164
佐渡島 20
佐渡金山 20
砂漠 26
鯖節 124
寒風沢島 14
座間味島 150
山海留学生事業 128
サンゴ礁 134,140,150,154,162

『潮騒』 42
ジオパーク 26,112,116,126
自然災害 2
篠島 40
シマ 132,134
志摩諸島 42
シマチャビ 4,148
しまなみ海道 66,68
島野浦島 118
シマノーシ 152
「島の光」 50
島むすび 42
島留学 86
下甑島 120
下地島 158
下島［天草諸島］ 116
修学旅行 146
「15歳の別れ」 5
重要伝統的建造物群保存地区 56,
　72,152,166
俊寛 126
小豆島 50
縄文杉 124
醤油 50
塩飽諸島 56
塩飽水軍 56
人口集中地区（DID） 130
人口増加 162
震災語り部 12

周防大島（屋代島） 80
菅島 42
スキューバダイビング 150
ストレチア 32
ストロー効果 3
諏訪瀬島 128

世界自然遺産 34,124

世界文化遺産 20,78,102,106,110,
　116
石炭 110
石油備蓄基地 148
瀬戸内国際芸術祭 52,56,58,60
瀬戸大橋 58
潜伏キリシタン 100,102,104,116
造船業 64,66,70

素麺 50
外松島 14

た　行

大東諸島 156
平島［トカラ列島］ 128
台湾 174
高見島 56
宝島［トカラ列島］ 128
竹富島 166
タコ 40
種子島 122
種子島宇宙センター 122
タネ取り 14
タバコ 146,158
玉置半右衛門 156
タマネギ 44
タモトユリ 128
たらい舟 20
単一企業島 156
男鹿島 48
炭鉱 110
短冊型耕地 152

地下ダム 136,158
父島 34
知夫里島 84
チャレンジ・ショップ 80
中晩柑 74
長寿の島 138
朝鮮通信使 90
丁場 48,62

津堅島 148
対馬 90
ツシマヤマネコ 90
津波 12
ツバキ油 28

DID（人口集中地区） 130
天売島 10
出稼ぎ 68,80
手島［塩飽諸島］ 56
出部屋 60

島外児童の受け入れ　74
闘牛　138
島後［隠岐諸島］　84
答志島　42
銅精錬所　52
島前［隠岐諸島］　84
道遊の割戸　20
渡海船　68
トカラ（吐噶喇）列島　128
トキ　20
「朱鷺と暮らす郷」認証米　22
徳之島　138
特別栽培米　22
トシドン　120
利島　28
渡名喜島　152
鳥羽4島　42
飛島　16
トラフグ　40
トンボロ　120,152

な 行

直島　52
直島諸島　52
中甑島　120
長崎空港　108
中通島　104
中ノ島［隠岐諸島］　84
中之島［トカラ列島］　128
灘回り　24
ナマコ　8
奈留島　104

新潟地震　18
肉用牛　84,94,102,128,146,164
西島［家島諸島］　48
西ノ島［隠岐諸島］　84
西廻り航路　72
二重居住　16
『二十四の瞳』　50
ニシン漁　6,8,10
日本書紀　44
人名（にんみょう）　56

ねずみ騒動　82
熱帯カルスト　152
ネット通販　36

能美島　76
野島断層　46
野々島　14
野甫大橋　144
野甫島　144

ノロ　132

は 行

ハクサイ　14
端島（軍艦島）　110
八丈島　26,32
ハッサク　64
波照間島　172
鳩間島　168
鳩間節　168
母島　34
浜比嘉大橋　148
浜比嘉島　148
早瀬大橋　76
阪神・淡路大震災　44
ハンセン病療養所　54

東日本大震災　12,14
久賀島　104
櫃石島　56
ヒトツバタゴ　90
日振島　82
日間賀島　40
姫島　112
平戸島　102
広島［塩飽諸島］　56

フェニックス・ロベレニー　32
フェリー　46
フグ　40
福江島　104
フクギ　152,166,172
藤原純友　82
蓋井島　88
船泊遺跡　6
無人（ぶにん）島　34
フランシスコ・ザビエル　102
ブルー・ツーリズム　118
触（ふれ）　94

米軍統治　130,148,164
舳倉島　24
別宅　16
ベネッセハウス　52
平安座島　148

防災フットパス　12
防災ロールプレイ　12
坊勢島　48
ホエールウォッチング　150
朴島　14
捕鯨　104
北海道南西沖地震　12

保戸島　114
本島［塩飽諸島］　56
本四連絡橋　46,56

ま 行

「マイ・アート」　58
マーカス島　38
まき網漁業　96,118
牧畑　84
マグロ延縄漁　114
間崎島　42
馬渡島　98
マラリア　170
マリンスポーツ　26,160,164
マングローブ　162
マンゴー　158

ミカン　66,72,74,80
御蔵島　26
ミクロコスモス　2
箕島　108
南十字星　172
南大東島　156
南鳥島　34,38
宮城島　148
三宅島　30
宮古島　158
宮古諸島　158
宮島（厳島）　78
宮戸島　14
ミョウガキ　84
民泊　146

村上水軍　64

免税店　92

や 行

焼尻島　10
屋久島　124
屋敷林　172
屋代島（周防大島）　80
ヤマト嫁　150
ヤン衆　10

ユイワク　132
湧水　140
Uターン　5,30,164

養殖業　82,112
与勝諸島　148
与島　56

与那国島 174
与論島 142
与論十五夜踊り 142

ら 行

ラサ島（沖大東島） 156
ラッコ漁 14
ラムサール条約 124,150,162

リシリコンブ 6

利尻島 8
「離島化時代」 2
離島振興法 4
離島ブーム 26
隆起サンゴ礁 136,146,158,166
琉球王国 142,144,152,168
琉球石灰岩 140,152,158,166,172
リン鉱石 38,156

『瑠璃の島』 168

レブンアツモリソウ 6
礼文島 6
レモン 66

牢屋の窄 106

わ 行

若松島 104
渡鹿野島 42
わっぱ煮 18

編者略歴

ひら おか あき とし
平 岡 昭 利

1949年　広島県に生まれる
1978年　関西大学大学院文学研究科
　　　　博士課程単位取得退学
現　在　下関市立大学名誉教授
　　　　博士（文学）

す やま さとし
須 山 聡

1964年　富山県に生まれる
1992年　筑波大学大学院博士課程
　　　　地球科学研究科単位取得退学
現　在　駒澤大学文学部教授
　　　　博士（理学）

みや うち ひさ みつ
宮 内 久 光

1964年　富山県に生まれる
2005年　広島大学大学院文学研究科
　　　　博士課程修了
現　在　琉球大学国際地域創造学部
　　　　教授
　　　　博士（文学）

図説 日本の島

—76の魅力ある島々の営み—　　　　　　定価はカバーに表示

2018年10月25日　初版第1刷
2019年 3月25日　　　第2刷

編集者　平　岡　昭　利
　　　　須　山　　　聡
　　　　宮　内　久　光
発行者　朝　倉　誠　造
発行所　株式
　　　　会社　朝　倉　書　店
　　　　東京都新宿区新小川町6-29
　　　　郵 便 番 号　162-8707
　　　　電　話　03（3260）0141
　　　　FAX 03（3260）0180
　　　　http://www.asakura.co.jp

〈検印省略〉

© 2018〈無断複写・転載を禁ず〉　　　　シナノ印刷・渡辺製本

ISBN 978-4-254-16355-1　C 3025　　　　Printed in Japan

JCOPY ＜(社)出版者著作権管理機構　委託出版物＞

本書の無断複写は著作権法上での例外を除き禁じられています．複写される場合は，
そのつど事前に，(社)出版者著作権管理機構（電話 03-3513-6969，FAX 03-3513-
6979，e-mail：info@jcopy.or.jp）の許諾を得てください．

立正大 伊藤徹哉・立正大 鈴木重雄・
立正大学地理学教室編

地理を学ぼう 地理エクスカーション

16354-4 C3025　　　　Ｂ５判 120頁 本体2200円

地理学の実地調査「地理エクスカーション」を具体
例とともに学ぶ入門書。フィールドワークの面白
さを伝える。〔内容〕地理エクスカーションの意
義・すすめ方／都市の地形と自然環境／火山／観
光地での防災／地域の活性化／他

◆ 日本の地誌〈全10巻〉 ◆

自然と人間の両面から，日本の地理的状況と地域性を浮き彫りにする。

前駒沢大 中村和郎・前立正大 新井　正・
前都立大 岩田修二・元東大 米倉伸之編
日本の地誌1

日 本 総 論 Ⅰ （自然編）

16761-0 C3325　　　　Ｂ５判 416頁 本体18000円

〔内容〕日本列島の位置と自然の特徴(地形・気候・
生きものたち・自然史)／日本列島の自然環境(自
然景観・気候景観・水循環と水利用・人間が作っ
た自然)／日本の自然環境と人間活動(土地利用・
大規模開発と環境破壊・防災・自然保護運動)

前筑波大 山本正三・帝京大 谷内　達・前埼大 菅野峰明・
前筑波大 田林　明・元筑波大 奥野隆史編
日本の地誌2

日 本 総 論 Ⅱ （人文・社会編）

16762-7 C3325　　　　Ｂ５判 600頁 本体23000円

〔内容〕現代日本の特質／住民と地域組織(人口・社
会・文化・政治・行政)／資源と産業(農業・林業・
水産業・資源・工業・商業・余暇・観光・地域政
策)／農村と都市／日本の生活形態／人口と財・情
報の流動／日本の地域システム

前北教大 山下克彦・前北大 平川一臣編
日本の地誌3

北 海 道

16763-4 C3325　　　　Ｂ５判 536頁 本体22000円

〔内容〕北海道の領域と地域的特徴／北海道の地域
性(地理的性格・歴史的背景・自然環境・住民と生
活・空間の組織化・資源と産業・農山漁村とその
生活・都市とその機能)／北海道地方の地域性(道
南地域・道央地域・道北地域・道東地域)

立正大 田村俊和・前筑波大 石井英也・
東北大 日野正輝編
日本の地誌4

東 北

16764-1 C3325　　　　Ｂ５判 516頁 本体20000円

〔内容〕東北地方の領域と地域的特徴／東北地方の
地域性(地理的性格・歴史的背景・自然環境・住民
と生活・空間の組織化・資源と産業・農山集落と
景観ほか)／東北地方の地域誌(青森県・岩手県・
秋田県・宮城県・山形県・福島県)

前埼大 菅野峰明・日大 佐野　充・帝京大 谷内　達編
日本の地誌5

首 都 圏 Ⅰ

16765-8 C3325　　　　Ｂ５判 596頁 本体23000円

〔内容〕首都圏中心部の領域と地域的特徴／首都圏
中心部の地域性(地理的性格・歴史的背景・自然環
境・住民と生活・空間の組織化・資源と産業・都
市問題)／首都圏の地域誌(東京都・神奈川県・埼
玉県・千葉県：性格と地域誌)

前筑波大 斎藤　功・前筑波大 石井英也・
前都立大 岩田修二編
日本の地誌6

首 都 圏 Ⅱ

16766-5 C3325　　　　Ｂ５判 596頁 本体23000円

〔内容〕首都圏外縁部の領域と地域的特徴／首都圏
外縁部の地域性(地理的性格・歴史的背景・自然環
境・住民と生活・空間の組織化・資源と産業・都
市の機能)／首都圏外縁部各県の地域誌(群馬県・
栃木県・茨城県・長野県・山梨県・新潟県)

愛知大 藤田佳久・前筑波大 田林　明編
日本の地誌7

中 部 圏

16767-2 C3325　　　　Ｂ５判 688頁 本体26000円

〔内容〕中部圏の領域と地域的特徴／東海地方，北
陸地方の地域性(地理的性格・歴史的背景・自然環
境ほか)／東海地方および各県の地域誌(愛知県・
静岡県・岐阜県・三重県)・北陸地方および各県の
地域誌(富山県・石川県・福井県)

前京大 金田章裕・京大 石川義孝編
日本の地誌8

近 畿 圏

16768-9 C3325　　　　Ｂ５判 580頁 本体26000円

〔内容〕近畿圏の領域と地域的特徴／近畿地方の地
域性(地理的性格・歴史的背景・自然環境・住民と
生活・資源と産業・農山漁村とその生活・都市と
その機能ほか)／近畿地方の地域誌(大阪府・兵庫
県・京都府・滋賀県・奈良県・和歌山県)

前広島大 森川　洋・前松山大 篠原重則・
元筑波大 奥野隆史編
日本の地誌9

中 国 ・ 四 国

16769-6 C3325　　　　Ｂ５判 648頁 本体25000円

〔内容〕中国・四国地方の領域と地域的特徴／中国
地方の地域性／中国地方の地域誌(各県の性格と
地域誌：鳥取県・島根県・岡山県・広島県・山口
県)／四国地方の地域性／四国地方の地域誌(香川
県・愛媛県・徳島県・高知県)

前九大 野澤秀樹・久留米大 堂前亮平・
前筑波大 手塚　章編
日本の地誌10

九 州 ・ 沖 縄

16770-2 C3325　　　　Ｂ５判 672頁 本体25000円

〔内容〕九州・沖縄地方の領域と地域的特徴／九州
地方の地域性／九州の地域誌(福岡県・佐賀県・長
崎県・熊本県・大分県・宮崎県・鹿児島県)／沖縄
地方の地域性／沖縄地方の地域誌(沖縄県)

前帝京大 岡本伸之編著 よくわかる観光学1 # 観　光　経　営　学 16647-7　C3326　　　　　A 5 判 208頁 本体2800円	観光関連サービスの経営を解説する教科書。観光産業の経営人材養成に役立つ。〔内容〕観光政策／まちづくり／観光行動と市場／ITと観光／交通,旅行, 宿泊, 外食産業／投資, 集客／人的資源管理／接遇と顧客満足／ポストモダンと観光
首都大 菊地俊夫・帝京大 有馬貴之編著 よくわかる観光学2 # 自　然　ツ　ー　リ　ズ　ム　学 16648-4　C3326　　　　　A 5 判 184頁 本体2800円	多彩な要素からなる自然ツーリズムを様々な視点から解説する教科書。〔内容〕基礎編：地理学, 生態学, 環境学, 情報学／実践編：エコツーリズム,ルーラルツーリズム, 自然遺産, 都市の緑地空間／応用編：環境保全, 自然災害, 地域計画
首都大 菊地俊夫・立教大 松村公明編著 よくわかる観光学3 # 文　化　ツ　ー　リ　ズ　ム　学 16649-1　C3326　　　　　A 5 判 196頁 本体2800円	地域における文化資源の保全と適正利用の観点から, 文化ツーリズムを体系的に解説。〔内容〕文化ツーリズムとは／文化ツーリズム学と諸領域(地理学・社会学・建築・都市計画等)／様々な観光(ヘリテージツーリズム, 聖地巡礼等)／他

◈ 日本地方地質誌〈全 8 巻〉 ◈
プレートテクトニクス後の地質全体を地方別に解説した決定版

日本地質学会編 日本地方地質誌1 # 北　海　道　地　方 16781-8　C3344　　　　　B 5 判 664頁 本体26000円	北海道地方の地質を体系的に記載。中生代〜古第三紀収束域・石炭形成域／日高衝突帯／島弧会合部／第四紀／地形面・地形面堆積物／火山／海洋地形・地質／地殻構造／燃料資源／地下水と環境／地質災害と予測／地質体形成モデル
日本地質学会編 日本地方地質誌2 # 東　北　地　方 16782-5　C3344　　　　　B 5 判 712頁 本体27000円	東北地方の地質を東日本大震災の分析を踏まえ体系的に記載。総説・基本構造／構造発達史／中・古生界／白亜系-古第三系／白亜紀-古第三紀火成岩類／新第三系-第四系／変動地形／火山／海洋地質／2011年東北地方太平洋沖地震／地質災害他
日本地質学会編 日本地方地質誌3 # 関　東　地　方 16783-2　C3344　　　　　B 5 判 592頁 本体26000円	関東地方の地質を体系的に記載・解説。成り立ちから応用まで, 関東の地質の全体像が把握できる。〔内容〕地質概説(地形／地質構造／層序変遷他)／中・古生界／第三系／第四系／深部地下地質／海洋地質／地震・火山／資源・環境地質／他
日本地質学会編 日本地方地質誌4 # 中　部　地　方 (CD-ROM付) 16784-9　C3344　　　　　B 5 判 588頁 本体25000円	中部地方の地質を「総論」と露頭を地域別に解説した「各論」で構成。〔内容〕【総論】基本枠組み／プレート運動とテクトニクス／地質体の特徴【各論】飛騨／舞鶴／来馬・手取／伊豆／断層／活火山／資源／災害／他
日本地質学会編 日本地方地質誌5 # 近　畿　地　方 16785-6　C3344　　　　　B 5 判 472頁 本体22000円	近畿地方の地質を体系的に記載・解説。成り立ちから応用地質学まで, 近畿の地質の全体像が把握できる。〔内容〕地形・地質の概要／地質構造発達史／中・古生界／新生界／活断層・地下深部構造・地震災害／資源・環境・地質災害
日本地質学会編 日本地方地質誌6 # 中　国　地　方 16786-3　C3344　　　　　B 5 判 576頁 本体25000円	古い時代から第三紀中新世の地形, 第四紀の気候・地殻変動による新しい地形すべてがみられる。〔内容〕中・古生界／新生界／変成岩と変性作用／白亜紀・古第三紀／島弧火山岩／ネオテクトニクス／災害地質／海洋地質／地下資源
日本地質学会編 日本地方地質誌7 # 四　国　地　方 16787-0　C3344　　　　　B 5 判 708頁 本体27000円	四国地方の地質を体系的に記載。地質概説・地体構造／領家帯／三波川帯／御荷鉾緑色岩類／秩父帯／四万十帯／新第三紀火成岩類／新生代堆積岩類／ネオテクトニクス／地質災害／温泉・地下水／地下資源／海洋地質／地殻構造／他
日本地質学会編 日本地方地質誌8 # 九　州　・　沖　縄　地　方 16788-7　C3344　　　　　B 5 判 648頁 本体26000円	この半世紀の地球科学研究の進展を鮮明に記す。地球科学のみならず自然環境保全・防災・教育関係者も必携の書。〔内容〕序説／第四紀テクトニクス／新生界／中・古生界／火山／深成岩／変成岩／海洋地質／環境地質／地下資源

前東大 大澤雅彦・屋久島環境文化財団 田川日出夫・京大 山極寿一編

世界遺産 屋 久 島
―亜熱帯の自然と生態系―

18025-1　C3040　　　　　　B5判 288頁 本体9500円

わが国有数の世界自然遺産として貴重かつ優美な自然を有する屋久島の現状と魅力をヴィジュアルに活写。〔内容〕気象／地質・地形／植物相と植生／動物相と生態／暮らしと植生のかかわり／屋久島の利用と保全／屋久島の人，歴史，未来／他

前学芸大 小泉武栄編

図説 日 本 の 山
―自然が素晴らしい山50選―

16349-0　C3025　　　　　　B5判 176頁 本体4000円

日本全国の53山を厳選しオールカラー解説〔内容〕総説／利尻岳／トムラウシ／暑寒別岳／早池峰山／鳥海山／磐梯山／巻機山／妙高山／金北山／瑞牆山／縞枯山／天上山／日本アルプス／大峰山／三瓶山／大満寺山／阿蘇山／大崩山／宮之浦岳他

前農工大 小倉紀雄・九大 島谷幸宏・前大阪府大 谷田一三編

図説 日 本 の 河 川

18033-6　C3040　　　　　　B5判 176頁 本体4300円

日本全国の52河川を厳選しオールカラーで解説〔内容〕総説／標津川／釧路川／岩木川／奥入瀬川／利根川／多摩川／信濃川／黒部川／柿田川／木曽川／鴨川／紀ノ川／淀川／斐伊川／太田川／吉野川／四万十川／筑後川／屋久島／沖縄／他

早大 柴山知也・東大 茅根　創編

図説 日 本 の 海 岸

16065-9　C3044　　　　　　B5判 160頁 本体4000円

日本全国の海岸50あまりを厳選しオールカラーで解説。〔内容〕日高・胆振海岸／三陸海岸／高田海岸／新潟海岸／夏井・四倉／三番瀬／東京湾／三保ノ松原／気比の松原／大阪府／天橋立／森海岸／鳥取海岸／有明海／指宿海岸／サンゴ礁／他

前三重大 森　和紀・上越教育大 佐藤芳徳著

図説 日 本 の 湖

16066-6　C3044　　　　　　B5判 176頁 本体4300円

日本の湖沼を科学的視点からわかりやすく紹介。〔内容〕I. 湖の科学（流域水循環，水収支など）／II. 日本の湖沼環境（サロマ湖から上甑島湖沼群まで，全国40の湖・湖沼群を湖盆図や地勢図，写真，水温水質図と共に紹介）／付表

日本湿地学会監修

図説 日 本 の 湿 地
―人と自然と多様な水辺―

18052-7　C3040　　　　　　B5判 228頁 本体5000円

日本全国の湿地を対象に，その現状や特徴，魅力，豊かさ，抱える課題等を写真や図とともにビジュアルに見開き形式で紹介。〔内容〕湿地と人々の暮らし／湿地の動植物／湿地の分類と機能／湿地を取り巻く環境の変化／湿地を守る仕組み・制度

前森林総研 鈴木和夫・東大 福田健二編著

図説 日 本 の 樹 木

17149-5　C3045　　　　　　B5判 208頁 本体4800円

カラー写真を豊富に用い，日本に自生する樹木を平易に解説。〔内容〕概論（日本の林相・植物の分類）／各論（10科―マツ科・ブナ科ほか，55属―ヒノキ属・サクラ属ほか，100種―イチョウ・マンサク・モウソウチクほか，きのこ類）

石川県大 岡崎正規・農工大 木村園子ドロテア・農工大 豊田剛己・北大 波多野隆介・農環研 林健太郎著

図説 日 本 の 土 壌

40017-5　C3061　　　　　　B5判 184頁 本体5200円

日本の土壌の姿を豊富なカラー写真と図版で解説。〔内容〕わが国の土壌の特徴と分布／物質は巡る／生物を育む土壌／土壌と大気の間に／土壌から水・植物・動物・ヒトへ／ヒトから土壌へ／土壌資源／土壌と地域・地球／かけがえのない土壌

前農工大 福嶋　司編

図説 日 本 の 植 生（第2版）

17163-1　C3045　　　　　　B5判 196頁 本体4800円

生態と分布を軸に，日本の植生の全体像を平易に図説化。植物生態学の基礎を身につけるのに必携の書。〔内容〕日本の植生概観／日本の植生分布の特殊性／照葉樹林／マツ林／落葉広葉樹林／水田雑草群落／釧路湿原／島の多様性／季節風／他

神戸芸工大 西村幸夫編著

ま ち づ く り 学
―アイディアから実現までのプロセス―

26632-0　C3052　　　　　　B5判 128頁 本体2900円

単なる概念・事例の紹介ではなく，住民の視点に立ったモデルやプロセスを提示。〔内容〕まちづくりとは何か／枠組みと技法／まちづくり諸活動／まちづくり支援／公平性と透明性／行政・住民・専門家／マネジメント技法／サポートシステム

神戸芸工大 西村幸夫・工学院大 野澤　康編

ま ち の 見 方・調 べ 方
―地域づくりのための調査法入門―

26637-5　C3052　　　　　　B5判 164頁 本体3200円

地域づくりに向けた「現場主義」の調査方法を解説。〔内容〕1. 事実を知る（歴史，地形，生活，計画など），2. 現場で考える（ワークショップ，聞き取り，地域資源，課題の抽出など），3. 現象を解釈する（各種統計手法，住環境・景観分析，GISなど）

神戸芸工大 西村幸夫・工学院大 野澤　康編

ま ち を 読 み 解 く
―景観・歴史・地域づくり―

26646-7　C3052　　　　　　B5判 160頁 本体3200円

国内29ヵ所の特色ある地域を選び，その歴史，地形，生活などから，いかにしてそのまちを読み解くかを具体的に解説。地域づくりの調査実践における必携の書。〔内容〕大野村／釜石／大宮氷川参道／神楽坂／京浜臨海部／鞆の浦／佐賀市／他

上記価格（税別）は 2019 年 2 月現在